I0411187

Новый Израиль, или Пятый Храм

АЛЕКСАНДР ЗЕЛИЧЕНКО

Copyright © 2016 А.И.Зеличенко

All rights reserved.

ISBN: 1537297015
ISBN-13: 978-1537297019

Гора дома Господня будет поставлена во главу гор и возвысится над холмами, и потекут к ней все народы.

И пойдут многие народы и скажут: придите, и взойдем на гору Господню, в дом Бога Иаковлева, и научит Он нас Своим путям и будем ходить по стезям Его; ибо от Сиона выйдет закон, и слово Господне--из Иерусалима.

И будет Он судить народы, и обличит многие племена; и перекуют мечи свои на орала, и копья свои--на серпы: не поднимет народ на народ меча, и не будут более учиться воевать.

О, дом Иакова! Придите, и будем ходить во свете Господнем.

Исайя 2:2-5

Омойтесь, очиститесь; удалите злые деяния ваши от очей Моих; перестаньте делать зло; научитесь делать добро, ищите правды, спасайте угнетенного, защищайте сироту, вступайтесь за вдову.

Исайя 1:16,17

ОГЛАВЛЕНИЕ

Круг 1

Предисловие: Новый Израиль. Пробный камень (1+) 2013   1

Счастье белки в колесе (1+) 3/8/2016   9

А что с этого будут иметь евреи? (1+) 11/8/2016   11

Каждому по труду? (1+) 23/8/2016   14

Евреи или израэлиты, или откуда смех в Яд Вашем? (1+) 8/8/2016   17

Круг 2

Палестинцы: задача не решается в политической плоскости (2+) 10/8/2016   20

Угрозы и возможности (2+) 18/8/2016   23

Злое пророчество (2+) 19/8/2016   26

О любви (комментарий на статью Лайтмана) (2+) 22/8/2016   29

Ненависть – любовь – единство (2+) 24/8/2016   33

Правы ли правые: о духовных войнах (комментарий на статью Фейглина) (2+) 12/8/2016   36

Опасность эгоцентризма (2+) 13/8/2016   39

Не приватизировать Бога (2+) 14/8/2016   42

Куда исчезли наши хужожники? (2+) 17/8/2016   45

Иудаизм и духовное развитие (2+) 16/8/2016   47

Тора как зеркало и как лестница (2+) 21/8/2016   51

Помни день субботний (2+) 6/8/2016   54

Спрашивайте-отвечаем. 1. Откуда Моисей принес скрижали? (2+)   56
7/8/2016

Круг 2.5

Цена мира (2.5+) 2/8/2016   58

Израиль и христианство (2.5+) 20/8/2016   61

Круг 3

Бездонность Торы (3+) 4/8/2016   64

Что нам было обетовано? (3+) 5/8/2016   67

Третий храм (3+) 9/8/2016   70

Четвертый храм. Продолжение темы. "Кощунственное" (3+) 15/8/2016   72

Послесловие: All We Need is Love. Запятая (1+) 25/8/2016   76

Приложения

"Книга" (3+) Опубликовано в 2006   78

Шестиднев (2.5+) 2011   93

КРУГ 1

ПРЕДИСЛОВИЕ: НОВЫЙ ИЗРАИЛЬ. ПРОБНЫЙ КАМЕНЬ (1+), 2013

У этой книги, написанной меньше чем за месяц, долгая и довольно странная история.

В 2006 году я закончил "Свет Жизни" – книгу по... затрудняюсь определить область, ну скажем, по историософии и культурно-исторической психологии: по истории мировой культуры, мировых культур и эволюции ментальности людей, совершаемой этими культурами. Там была и глава об еврействе – "Книга" (Приложение 1). Выводы этой главы были такими, что я запретил себе обращаться и к еврейской аудитории, и даже к еврейской тематике.

Через пять лет я написал небольшой комментарий на первую главу книги Бытия (Берейшис). Эта работа (Приложение 2) не была никак связана с темой еврейства, но позволила мне глубже погрузиться в смысловую ткань Торы.

А еще через два года, в 2013-м году у меня как бы сам собой написался весьма странный текст – что-то вроде вопроса к русским израильтянам, насколько тема Нового Мира созвучна их умонастроению. (Этот текст вместе с небольшими комментариями 2016-го года я включил в настоящее предисловии.)

Получив вполне ожидаемый негативный ответ, я три года подобных попыток не повторял, пока нынешней весной не стали происходить вещи уж совсем странные. Я почувствовал, что жизненный поток – есть такая вещь, наверное, и вы ее чувствали не раз на себе – влечет меня в Израиль. Просто-таки тащит. Почему-то. А так как потоку этому сопротивляться не надо (и к тому же бесполезно), то вышло так, что пять дней в конце июля мы с женой провели в Иерусалиме, а еще пять – в разъездах по стране.

Перед этим мы были в Израиле 23 года назад. Собирались переехать совсем в начале двухтысячных, но тогда как раз точно такой же жизненный поток почти мистически от этого намерения нас отнес в сторону.

Но еще более странная вещь случилась по возвращению, когда оказалось, что вернулись мы не совсем. Израиль сидел внутри и звал к себе. Как зовет и сейчас. Но странным было не только это. Еще более странным был приказ начать писать об Израиле и для израильтян.

Будучи сам евреем, я прекрасно понимаю неблагодарность такого занятия: никто не любит самых умных, а мы-то уж и подавно. Но, как рассказывает история Ионы, такие приказы не обсуждают.

И я начал блог "Новый Израиль, или Пятый Храм" (http://svet-zhizni.wixsite.com/new-israel). Почему пятый? Один знакомый, прочитав текст 2013-го года, предложил название "Третий Храм". Это очень мудрый знакомый. Собственно, я и хотел "третий". Но оказалось, что и третий, и четвертый уже построены. Так что следующим будет пятым.

По мере работы я, естественно, решил поделиться написанным со знакомыми и друзьями. Многие из них уже больше 25 лет живут в Израиле.

Ответом было гробовое молчание. Почти ото всех. Таким же были ответы всех СМИ – газет, телевиденья, интернет-порталов. Таким же – нескольких найденных в интернете незнакомых лично интеллектуалов. Ну, в общем, исключений не было, и ответ был ясен: не слышат...

Сказать, что я очень удивился этому, нельзя. Но, конечно, большая сензитивность аудитории меня бы не огорчила.

Изначально у меня был список тем для блога. Написался этот список буквально за десять минут, сам собой. По мере работы он расширился не намного. И в течение четырех недель исчерпался. Стало ясно, что продолжение у блога должно быть другим, нужно что-то менять. Но ясным стало и другое. Сборник написанных статей оказался книгой.

О структуре книга. Ее можно назвать "каббалистической". Настоящая каббала – это не столько теория, не столько секретное, эзотерическое знание, сколько путь, или школа, или лестница, которая ведет к этому знанию. От ступени к ступени, из класса в класс, от поверхностного к глубинному. В общем, восхождение. Вырастая духовно, мы обретаем способность к пониманию того, чего не понимали раньше. Этот символизм присутствует в архитектуре и египетских, и индуистских храмов. Был он и в двух наших храмах. Более того, в некотором смысле на Храмовой горе сохраняется он и сегодня. Несколько зон, одна внутри другой. И в самом центре Святое

Святых.

Данный сборник, естественно, не раскрывает Святое Святых. Конечно. Но его четыре части (четыре "круга") адресованы разным аудиториям. Первый круг содержит статьи, помеченные "1+", которые адресованы "внешнему" читателю, тому, кто подошел к ограде храма, но еще не вошел внутрь. Чаще всего таким людям около 40 лет. Вторая, самый заполненный круг – статьи "2+", статьи для тех, кто уже вошел в ограду, но еще не в сам Храм. Для первоклассников "школы Посвящения". Последний, четвертый, самый внутренний круг "3+" для тех, кто вошел уже не только в храмовый двор, но и в сам храм – для второклассников. И наконец, третий круг "2.5+" для тех кто в дверях Храма: двор уже покинул, но внутрь еще не попал.

Как вы видите, книжка адресована интеллектуальной элите. Даже статьи "1+" намного выше уровня обывателя. Естественно, нельзя ожидать, что она найдет своего читателя быстро. Но если был приказ ее написать, будет и читатель. Это тоже закон.

А теперь – текст 2013 года с дополнениями, сделанными курсивом в 2016-м, и с тремя продолжениями, написанными уже сейчас, в августе.

А потом еще один маленький текст-камертон для иллюстрации того, что я понимаю под уровнем "3+".

Новый Израиль. Пробный камень (1+)

Угроза

Я едва ли стану первым, если скажу что политика Израиля разжигает печи в будущем Освенциме. Топливо для этих печей - ненависть к нам. Не думать об этом можно только при категорическом нежелании думать вообще.

Когда ненавистников будет достаточно много и их ненависть будет достаточно горячей, они, если и не уничтожат нас, то потрепят основательно. И наша сила нам мало поможет. На силу всегда находится другая сила, сильнее.

Нужно понимать и другое: пассионарность не есть постоянная величина - энергия расходуется, наступает усталость. Израиль, каким я увидел его в 2016-м году, сильно отличается от Израиля 1993-го года. Он не лучше или хуже. Он другой. И в частности, менее энергичный. Падение пассионарности ведет к гибели государства, особенно того, которое было построено на насилии. Об этом говорят, в частности, и исторические книги Танах. А кроме того, едва ли не вся мировая история.

Что делать?

«Кац предлагает сдаться»? Ни в коем случае. Отказ от жесткого реагирования на враждебность не успокоит ненавистников, а распалит. Предложение совсем другое.

Плохо бить и плохо не бить. И какой же выход? Нам нужно не отказаться от силы в пользу слабости, а изменить характер своей силы. Сила нужна. Но наша сила должна стать умной и доброй.

Как? Родители хорошо знают, как. Когда ребенка нельзя утихомирить словами, приходится применять силу. Но применяет ее любящий родитель ровно столько, сколько это необходимо: чтобы дитя, не дай бог, не почувствовало несправедливости или обиды.

Но главное в умной силе не дозирование. Главное - чтобы наше общество, наша жизнь вызывали зависть – белую зависть и желание подражать. Чтобы с этим обществом не воевать хотелось, а жить в нем.

Короче, нам нужен Новый Израиль.

Ковчег

Новый Израиль разорвет заколдованный круг еврейской истории, когда мы, стараясь исполнять Завет, все время его нарушаем, и, нарушив, получаем страшные наказания.

Это еврейская трагедия: мы храним в Ковчеге Божественное Знание, но не можем открыть Ковчег. Лишь единицы не то, что добирались до Знания – знали о Его существовании. Наша религия перенасыщена символизмом, но как мало понимающих смысл символических слов и символических действий, повторяемых евреями изо дня в день.

Но приходит время открыть Ковчег и найти там план строительства Нового Израиля, Нового Храма. Чтобы в этом Храме, наконец, поселился Бог и мы, наконец, увидели Бога. И умерли. Чтобы жить.

Непонятно? Жаль, что непонятно. Без этого и остальное едва ли будет понято.

Новый Израиль

Тора бездонна своими смыслами; каббала – наука об открывании ее тайных смыслов, наука о распечатывании Ковчега.

Земля Обетования, Ханаан, Палестина, Израиль – понятие не географическое, а историческое, историософское. Это новое устройство жизни.

Жизнь в Новом Израиле будет подчинена одному стремлению – быть с Богом. На светском языке это означает, что главным в жизни всех новоизраильтян станет сознательное духовное развитие – развитие души, развитие сознания: поумнение, подобрение, в общем, совершенствование. На практике, это значит учиться, профессионально расти, размышлять и т.д. – все вещи, как будто бы земные и далекие от привычных религиозных практик, но, тем не менее, вещи религиозные, более того, единственные по-настоящему религиозные вещи.

Новый Израиль – государство-семья, где старшие (более высокие духовно) заботятся о младших (менее высоких) и помогают им расти.

Очень важно понимать, что речь идет не только о маленьком государстве в Восточном Средиземноморье. Речь о всем мире. О новом устройстве всего мира. Но у этого нового устройства должен быть праобраз, зерно, из которого вырастет всё дерево. Кто станет таким зерном? Вот главный вопрос сегодня.

Кому *начинать* строить новый Израиль? Иды *(?)*

Еврейство сегодня – люди одной Книги, но трех разных цивилизаций. Более старой исламской цивилизации. Более молодой, современной европейской, западной. И... еще одной, третьей. Этой третьей цивилизации пока еще нет. Это будущая цивилизация. А мы, «русские» евреи - ее строители. Мы не недоевропейцы, не ашкенази второго сорта.

Сефарды, ашкенази... А как назвать нас? Не нужно долго искать самоназвание, оно всегда с нами. Так называли себя наши отцы, говорившие на идиш. Мы – иды.

Это нам, идам предстоит *начинать* строить Новый Израиль. Просто больше некому.

Когда я писал эти строки 3 года назад, я не видел того прогресса этногенеза, через который прошло израильское общество за 20 лет. Сегодня израильское общество представляет собой в значительной мере не смесь трех разнокультурных групп, а новый монолит. И что-то мешает мне назвать этот монолит еврейским. Это новый этнос израилитов, мало похожий на знакомых мне евреев. Находясь среди нью-йорских ортодоксов-евреев, или среди калифорнийских евреев-модернистов, или даже среди женевских франкоговорящих евреев, я чувствовал себя среди своих, нравящихся или ненравящихся мне, но своих людей. Так же было и во время моего первого визита в Израиль. Многие мне не нравились, но они были своими. Сейчас же я увидел людей, про которых нельзя сказать, что они мне не нравятся. Но они не свои, другие. Даже в ортодоксальных районах, казалось бы, тщательно сохраняющих традиции. И все же, даже становясь частью этого нового этноса, русские евреи сохраняют свою особость.

Достаточно ли этой особости, чтобы самоорганизоваться на правильной основе и повести за собой всё общество? Кто знает... Но не попытаться нельзя. Именно это соображение заставило меня начать этот блог.

Все начинается с понимания

Первый шаг на этом пути – понять, что другого пути нет. Потом будет и всё остальное: партия «За Новый Израиль», пропаганда, политическая работа и т.д., и т.п.. Но это всё потом. А вначале только понимание. Понимание.

Эпилог

Еще несколько лет назад я был уверен, что подобный призыв не может быть услышан. О чем разговор! Абсурд какой-то!!! Сегодня такой железной уверенности у меня уже нет. Поэтому я и написал этот текст и теперь жду от тебя, читатель, подтверждения – либо своих опасений, либо своих надежд. Что ты думаешь обо всем этом? Да? Нет? Не знаю? Согласен и готов участвовать? Согласен, но пока только теоретически? Согласен с большей частью? Согласен с меньшей частью? Совсем не согласен?

Спасибо! Я услышал ваш ответ.

А это – описание проекта в блоге.

Заголовок: **О ПРОЕКТЕ. Глас вопиющего. В пустыне?**

Само описание:

Этот проект - тест и попытка. Тест созвучности идей, которые обсуждаются в этом блоге, умонастроению русского еврейства в Израиле. И не только русского. А попытка? А попытка найти соработников.

Попытка дерзкая до наглости. И я усилю эту дерзость цитатой еще более наглой: "Я послан только к погибшим овцам дома Израилева". Ну, насчет "только" и насчет "погибшим" - это разговор особый, но я собираюсь говорить об иудаизме, о Торе, о Танахе, о каббале вещи не самые известные. И о многом другом, включая и самые актуальные для Израиля проблемы, общеизвестные и совсем не эзотерические. Хотя ключ к их решению, как говорили в черте оседлости, таки-да, эзотерический.

Я знаю свою аудиторию. Знаю, что она делала с пророками в былые времена. Знаю, как она еще недавно сыпала направо и налево "хухим", "мишуга", "шлемазл"... Знаю, как бывает она сердита и как неблагоразумно ее дразнить. Но, тем не менее, что-то заставляет меня начать этот проект. Проект, главные цели которого – попробовать сделать жизнь Израиля лучше, а сам Израиль не только безопасным местом, но и ростком того нового человечества, которое всё громче стучится в двери настоящего.

У нас, у русских евреев есть творческий потенциал для этой работы. Этим потенциалом в значительной мере был создан и Израиль, а раньше, не будь помянут рядом, СССР. Мы хотим совершенствовать мир. И этого не нужно стыдиться.

Что такое Израиль? Это земля, обещанная нам Богом. Но что именно обещал нам Бог? То, что мы имеем? Или, все же что-то другое - что-то такое, чего мы еще не имеем, но что нам нужно сделать? Обо всем этом — о новом человечестве, о земле, обетованной Богом – много говорится в Книге. Но наши уши долго были залиты воском. Возможно, сегодня приходит время прочистить их.

Поверх этого текста через пару недель мне пришлось разместить большой полупрозрачный крест. Под крестом 16-го августа появился такой раздумчивый текст:

Сейчас результаты теста более-менее известны: тексты такого рода НЕ находят отклика в среде русского Израиля. И тем не менее, какое-то время я собираюсь блог продолжать. Может, короткое, а может, и значительное. Даже не вполне ясно понимая, для чего я это делаю...

И наконец, последняя запись 25-го августа, вчера:

Записью **All We need is Love. Запятая** *я завершаю первую фазу проекта. Далее блог будет продолжаться в форме ответов на вопросы. Если, конечно, они появятся. Я же пока превращу уже написанные статьи в книгу. И как говорила шекспировская героиня, дальнейшее увидится потом.*

А теперь обещанный "камертон" для настройки на уровень 3+.

Менора – символ мироустройства: три вложенных полукруга символизируют последовательно: материальный, психический и духовный (надпсихический) миры, центр меноры (4-й подсвечник) – Божественный ("наддуховный") Мир.

Маген Давид (могендовид) – треугольник острием вверх и основанием вниз символизирует воплощение (нисхождение, материализацию) Божественного Замысла (Идеи Мира); треугольник острием вниз и основанием вверх - поток осмысления воплощения Замысла и восхождения живых существ к Богу.

Каббала – система знаний ("наука") о мироустройстве и пути человека (и человечества) к Богу. Каббала – это лестница ("лестница Иакова"), по которой человек поднимается по мере развития своей души.

Ну, вот и всё. Получилось длинно. Но сокращать не буду.
А.З.

СЧАСТЬЕ БЕЛКИ В КОЛЕСЕ (1+) 03/08/2016

Собственно, так живет не только Израиль. Так живет едва ли не весь цивилизованный мир. Утром на работу, вечером с работы. И так пять дней. Потом Thanks God, Friday, Шабат и всё опять повторяется сначала. Различия в деталях малосущественны. Суть одна: жизнь – это работа и только работа, остальное по остаточному принципу.

Хорошо это или плохо? Для этого надо определиться с "хорошо" и "плохо" принципиально. Что это такое? Давайте определим "хорошо" как то, что делает человека лучше в том смысле, что его сознание расширяется, он видит больше мира и поэтому больше любит мир, то есть становится мудрее и, как следствие, добрее. А плохо – это то, что сознание сужает: делает человека примитивней и, как следствие, злее.

Чем хороша и чем плоха жизнь белки в колесе, которой живет современный мир? Хороша она тогда и в том, когда профессиональная деятельность способствует развитию человека. Как это бывает, например, с молодыми учеными. Конечно, так бывает не только с учеными: любое дело, когда человек в нем совершенствуется, когда он занят этим делом творчески, делает человека мудрее: его сознание расширяется, и он начинает видеть и понимать то, чего не видел раньше. Но, естественно, бывает и иначе. Когда работодателю не нужно творчество, а нужно выполнение неких рутинных операций. В этом случае работник становится частью машины производственного процесса и, как таковой, оказывается перед необходимостью парализовать свое жизненное, творческое начало, то есть как бы умертвить самого себя. Простейший и самый известный пример такого рода – рабочий на конвейере.

Но плохо не только такая "конвейерщина". Даже, когда ее нет и молодой ученый имеет возможность расти на работе, его рост односторонен. Развивая одни стороны своей индивидуальности, он оставляет другие части личностного потенциала нереализованными. Нередко такие деформации оборачиваются серьзными психологическими проблемами.

Насколько такое положение нормально? Нормально. В смысле — общепринято. В смысле того, что так есть. Но не очень нормально в смысле того, как должно быть и как может быть уже при сегодняшнем уровне развития экономики и развития нашего самопонимания. Потому что такой образ жизни только частично позволяет удовлетворить одну из наших главных жизненных потребностей — потребность в самоактуализации, в саморазвитии.

Какие возможны альтернативы? Собственно говоря, мы не знаем, какие, потому что альтернативы эти еще не придуманы и, следовательно, не реализованы. Но они оттого и не придуманы, что не были поставлены. Коммунисты задумывались о чем-то таком, но и коммунисты никогда не ставили во главу угла задачу развития работника.

Могу ли я дать сейчас рецепт, как решать эту задачу. Нет, полный рецепт я дать не могу. Но я могу дать часть рецепта — то, с чего решение должно начинаться, первый шаг. Так вот, первый шаг здесь должен состоять в постановке задачи. Математики знают: не поставишь — не решишь. Необходимо придумать такую реорганизацию общественной жизни, и экономической жизни в том числе, которая обеспечивала бы для всех участников общественной жизни (и экономической жизни, в том числе) максимально благоприятные условия для внутреннего (личностного, или духовного, если хотите) развития.

Сегодня это императив нашего времени. Главный вызов для человечества. Превратить человека работающего в человека СОЗНАТЕЛЬНО развивающегося.

Кто сможет ответить на этот вызов? Какая страна? Может быть, Израиль?

А ЧТО С ЭТОГО БУДУТ ИМЕТЬ ЕВРЕИ? (1+)
11/8/2016

Так если не всегда спрашивали вслух, то думали во времена моего детства старшие почти всегда. В какой-то мере это перешло и к нам, их детям. В какой? В большой.

Разговоры об отвлеченнных материях – Новом Израиле, государстве развития, духовном развитии и прочая, и прочая – мало греют человека, изнемогающего под гнетом вполне конкретных и материальных проблем. Тут и денег нет, и культура-язык чужие, и война, и отторжение со стороны элиты, и понижение социального статуса... А главное – невозможность жить так, как хочешь, делать то, что хочешь, что призван... У всех? Нет, не у всех, конечно. Но скажем так – у многих.

В общем, одни цурис... И какой тут "Новый Израиль"?! Какое "государство развития"?! О чем он, этот шлемазл!?! Так это звучало бы на идиш. Догадываюсь, что на иврите не лучше. Как то же самое звучит по-русски, передать мне мешает присутствие дам.

Итак, что с этого будут иметь евреи? Отвечаю.

В архитектуре общества Израиля заложены три главные группы идей, перечисляю в порядке значимости их роли в государстве: идеи государственности Западной цивилизации, идеи сионизма, и (в меньшей мере) идеи талмудического иудаизма.

Что получилось в результате смеси этих принципов? Нормальное государство западного образца с необычной иммиграционной политикой, мягко говоря, жесткой внешней политикой и, как следствие, во многом милитаризованной экономикой, весьма пассионарным населением и значительной, хотя и двойственной ролью религии в жизни общества. Об этой роли нужно было бы говорить отдельно и подробно, и я буду это делать, но два слова нужно сказать и здесь.

Внешняя сторона влияния религии на израильское общество вполне очевидна: ультра-консерватизм – тормоз развития. И понятно: принципы, сформулированные две тысячи лет назад, причем не

11

столько для жизни в своем государстве, сколько для жизни в рассеянии, для государства 21-го века могут быть только тормозом. Новации хасидизма 18-го века принципиально общей картины не меняют: 21-й век не только не 5-й, но и не 18-й тоже. Но это только одна сторона медали. Другая, гораздо менее очевидная, состоит в том, что тщательно хранимые ортодоксами и ультра-ортодоксами принципы образуют некое латентное ядро духовной жизни, создавая смыслы израильской жизни и тем самым сообщая ей необходимую для выживания во враждебном окружении и для экономического развития энергию.

Но к этой теме я надеюсь вернуться. Пока же – о государстве, стоящем на этих трех китах. Это западное государство с присущими ему проблемами, утяжеленное дополнительными, своими проблемами, из которых главные – враждебное окружение и консерватизм.

Какая из проблем Запада наиболее острая? Дегуманизация: человек вынужден быть винтиком в общественном механизме и его возможности самореализации более или менее жестко ограничены требованиями ("конструкцией") этой машины. Кому-то это мешает меньше, кому-то – больше, но в целом жизнь, конечно, выхолащивает. И людей (в целом, конечно) счастливее не делает.

А вот теперь можно перейти и к вопросу, а что будут иметь евреи от государства развития? Главное – две вещи.

Первая – материальные ресурсы для своей и своих детей самореализации, личностного развития. Не дело, когда врачи вынуждены работать медсестрами, а инженеры – чертежниками. И дело здесь не только в социальном статусе, хотя и в нем тоже. В СССР евреи страдали от двух вещей: бытового антисемитизма и невозможности самореализации (государственного антисемитизма). В Израиле бытового антисемитизма в сравнении с СССР нет. Но с возможностями самореализации далеко не всё прекрасно. Дело обстоит даже хуже, чем в западных эмигрантских странах – США или Канаде.

Государство развития, которое я называю здесь "Новым Израилем", это положение меняет в корне. Его главный принцип: все условия для реализации таланта каждого человека. Как? Через смену общественных приоритетов: образование, искусство, наука должны быть центральным приоритетом. Главная цель государства – обучить человека и дать ему как можно полнее раскрыть свой талант.

Но ведь это деньги. А откуда? Да всё оттуда же. Материальный ресурс у общества ограничен. Но распределять его можно по-разному.

Что, опять коммунизм?! – крик души убежавших от коммунизма бывших советских евреев. Нет, не коммунизм. И не капитализм. А другие, новые, не бывшие ранее принципы организации общества. И в частности, новые принципы распределения общественного продукта.

И второе, что будут иметь евреи. Это – жизнь, мир. Нельзя жить на пороховой бочке. Мы, конечно, привыкли. Тысячи лет антисемиты не давали нам иной жизни. Но это не жизнь. Мальчикам (и девочкам) надо учиться, а их – в армию. А что значит потеря трех лет, перерыв в образовании? Эти же годы невосполнимы. Для многих профессий невосполнимы. Как не выучил во время, где право, где лево, так до смерти и будешь путаться. Девочкам (и мальчикам) надо любить, строить семьи, рожать, наконец. А они – в армии. Необходимость? Да, необходимость. При сегодняшней ментальности и вытекающей из нее политики. Но это вовсе не обязательно данность. Государство развития, государство любви – это мир.

Конечно, он не придет за один месяц. Чтобы мир пришел в жизнь, он прежде всего должен прийти в головы. А это не быстрое дело. Но любое дело требует времени. И того, чтобы им занимались.

Стоит ли игра свеч? По-моему – стоит...

КАЖДОМУ ПО ТРУДУ? (1+) 23/8/2016

Это был принцип социализма. Нельзя сказать, что в СССР он был реализован безупречно, но он был декларирован. Я не собираюсь сейчас обсуждать, насколько хороша была реализация. Я хочу поговорить о том, насколько хорош сам принцип. И насколько он сохранится в обществе будущего.

Принцип, безусловно, хорош для тех, кто трудится производительно – для энергичных, сильных, трудоспособных и трудолюбивых. Хотя и здесь не всегда. Можно быть очень трудолюбивым, но подойти к старости без жировых накоплений. Хотите пример? Да, вот он – Иов. На самом деле, таких примеров очень много. Всю жизнь копил – и раз, всё сгорело. В той форме или иной: пожар, война, революция, кризис... Разве на такую старость рассчитывали родившиеся в СССР в году, скажем, в 30-м. В 90-м им как раз пришло время пенсии...

И тем более, принцип не хорош для слабых, не слишком талантливых, не слишком энергичных... Но еще хуже он даже не для самих неимущих. Еще хуже он для общества, которое терпит нищету пожилых. Такое общество растлевается равнодушием. Каждый человек в нем окукливается и рвет естественные связи любви с другими людьми. Общество атомизируется и через какое-то время гибнет.

Как не погибло раньше? По разным причинам не погибло. Потому что не было такого количества нетрудоспособных – люди умирали сильными, в предпенсионном возрасте. Потому что были сильнее семейные связи. И потому что иначе распределялся властный ресурс в семье – старики сохраняли власть над молодыми до смерти – "Прокляну!", "Лишу наследста!" и другие способы самозащиты.

Какая есть альтернатива? Есть альтернатива – каждому по потребностям. Но, естественно, не по ВСЕМ потребностям. А по потребностям жизненно важным. Грубо говоря – каждому необходимое. И здесь мы подходим к самому интересному вопросу – а что такое это "необходимое"? Удовлетворение КАКИХ потребностей должно обеспечивать человеку общество?

Часть этих потребностей мы представляем хорошо. Часть – гораздо хуже. Хорошо мы представляем потребности в еде, одежде, крыше над головой. Гораздо хуже – потребности в любви или смысле. И совсем плохо – потребность в развитии.

Пока человек живет, он развивается: становится мудрее, добрее, тоньше… Он начинает понимать, то, чего не понимал раньше и чувствовать то, чего не чувствовал. Траектория развития у кадого своя: у каждого свой жизненный путь, свой опыт, свой материал для осмысления и переработки. Соответственно, и для развития людям нужны разные внешние условия – и в молодости, и в зрелости, и в старости. И разные материальные ресурсы.

Несмотря на кажущуюся эфемерность, потребность развития – центральная жизненная потребность. Без развития человек не живет. Но известные типы общественной организации таковы, что часто создают для человека условия развития, которые не естествены и которые человека калечат. Вроде тех, о которых писал Гюго в "Человеке, который смеется": сажают ребенка в стеклянный сосуд и там растят. Примеры? Да сколько угодно. Ну, например, юноше с выраженными способностями к математике надо учиться, а общество отправляет его в армию. Или человек надо в художники, а его отправляют учиться на юриста. И так далее: общество все время вынуждает деревья наших жизней расти неестественно. Иногда жизнь эту неестественность сама распрямляет. Но далеко не всегда, и далеко не всегда быстро. Поэтому лес нашей жизни не всегда тянется к солнцу, а часто стелится своими стволами по земле.

Каждому по жизненным потребностям. Каждому всё для его развития. Немедленно возникают два вопроса. Первый – а хватит ли ресурсов? И второй – а как распределять?

Отвечаю. Сначала на первый вопрос. Ресурсов хватит. А вот доказать это я вам не смогу. Только не потому, что у меня нет доказательства. А потому что мое доказательство почти никто из вас не примет ("почти" – это еще оптимистично). Ситуация с такой недоказуемостью не уникальна: попробуйте доказать теорему Коши первокласснику. Но, тем не менее, текст доказательства я приведу. Это формулировка фундаментального принципа мироустройства: "Знает Отец ваш, в чем вы имеете нужду, прежде вашего прошения. Взгляните на птиц: ни сеют, ни жнут; Отец ваш питает их. Посмотрите на лилии: не прядут; но и Соломон во всей славе своей не одевался так, как всякая из них". Вот такое доказательство.

А вот со вторым вопросом, с вопросом "Как?" всё много интересней. И здесь я вам не могу ответить – как. Потому что в разное время это КАК будет разным. Сегодня – вообще ниКАК. КАК начинается с понимания необходимости придумать – КАК. Сегодня человечество еще только-только начинает к этому пониманию приближаться. Но по мере того, как оно будет понимать эту необходимость всё лучше и лучше, люди и начнут думать: а КАК? И конечно, придумают. Сначала одну схему. Затем – другие, всё более совершенные. Но это будем не мы. По крайней мере – не "мы сегодня". Если и мы, то другие мы – "мы завтра".

А "нам сегодня" нужно просто понять, что распределение общего пирога должно быть таким, чтобы максимально обеспечивать каждому человеку потребности не только физиологические, но и духовные – и прежде всего, потребность в развитии. Стоит обществу это понять и оно преобразится радикально. Станет совсем другим.

ЕВРЕИ ИЛИ ИЗРАЭЛИТЫ, ИЛИ ОТКУДА СМЕХ В ЯД ВАШЕМ? (1+) 8/8/2016

Я не был в Израиле 23 года. И сам я за эти годы изменился сильно. И, естественно – Израиль. Выросло новое поколение. То и дело я ловил себя на мысли, что вот этот официант тогда еще не родился, а этот отец семейства лежал в коляске. Но это было не так странно. Очень странным оказалось другое.

Я рос в еврейской среде – все родственники, многие знакомые родителей, позднее, многие приятели в нашей Второй школе... До поступления в Физтех, где к тому времени евреи были редкостью, а те единицы, что были, строго-настрого запрещали себе общение с другими евреями, среда моей молодости была во многом еврейской. Сам я прошел через разные периоды отношения к еврейству, включая и жгучий интерес в позднем отрочестве, но в любом периоде евреи составляли мой воздух, были моими людьми. Я легко узнавал их, а они меня. Родители боялись учить меня идишу, но сами говорили на нем постоянно. И, естественно, в конце концов я стал что-то понимать. Мама не имела времени на кулинарные изыски и готовила, в общем, вполне интернационально: ее главный и мой любимый пирог отличался от пасхального кулича разве что формой, но, тем не менее, и с еврейской кухней я был знаком коротко: не говоря уже о цимесе, рецепт которого отец принес из Одессы от своих родителей, и фаршированная рыба была из моих любимых лакомств. (Впрочем, как и сейчас.) В общем, всё как у всех. У всех русских евреев моего поколения.

И когда в 93-м году мы оказались в Израиле, у меня не было сомнений, что страна эта еврейская. Это чувствовалось во всем, этим был напитан воздух. Иногда это было приятно, иногда нет, но это было, и это было совершенно естественно. А как же иначе? Иначе же никак. Собственно, и вопроса об этом не возникало. Вокруг были мои люди. Иногда приятные, иногда совсем не приятные. Но мои. Так же, как в Нью-Йорке за четыре года до того. Или в Силиконовой Долине на четыре года позже.

Возможно, самым сильным и уж точно самым неожиданным впечатлением 2016 года было исчезновение этого чувства. Меня окружали люди, может быть, и более приятные, и более воспитанные, чем те, кого я видел в 93-м. Но они были незнакомцами. Я с интересом их рассматривал. Но не узнавал. Часто – даже внешне. И почти всегда – внутренне. Исключения (если не считать друзей молодости) можно пересчитать по пальцам. Вот этот хам в Цфате. Или этот симпатяга, недавно из Бельц – в Лехавим. Двое! За девять дней!! В музеях, в магазинах, в ресторанах... В кварталах фешенебельных, и в кварталах бедных... В современных и в ультра-ортодоксальных... Фенотип, естественно, исчез не совсем, хотя и внешне "типичных евреев" было немного. Но кроме фенотипа и в СССР, и в Америке нас объединяло и позволяло легко узнавать друг друга и нечто другое. Вот этого "нечто" не было вообще. Исчезло. А в 93-м было.

Очень сильное впечатление, и именно в этом отношении, оставило посещение Яд Вашем. Решение мемориала и особенно музея не безусловно, но того, что я увидел, увидеть я не ожидал бы при любом решении. Очень много молодежи, организованные экскурсии... Включая и ультра-ортодоксов в полной форме. И нет не только слез. Скука на лицах!.. Порой они начинали смеяться... Немыслимо не только для еврейских детей моего поколения – просто для советских школьников: я помню скорбные лица и на Мамаевом Кургане, и в латышском Саласпилсе... Та страшная боль евреев для молодых израильтян не такая и страшная?.. И даже, может быть, и не боль вовсе?..

Из впечатлений бытовых – меню в ресторанах, ассортимент магазинов... Память о гусином шашлыке из забегаловки в районе иерусалимской Хиллел я хранил 23 года. Наверное, сохраню на всю жизнь. В этот же раз ни рестораны, ни продуктовые магазины о еврейской кулинарии мне не напомнили. Ветчины, конечно, не было. Но ведь дело не в том, чего нет, а в том, что есть... Ни штруделя, ни флуден, ни кнейдлах...

Почему так получилось? Ну, это вопрос почти очевидный. Другой язык стал основой для другой культуры. Плюс изначальная идеология – стереть память о "рабстве". У евреев, говорящих на идиш, были другие чувства. Евреи, заговорившие на иврите, мирочувствование сменили. Самое главное – исчезло чувство еврейской боли. А вместе с ним – и горьковатый еврейский юмор. И родился другой народ. Не сефарды, не ашкенази, не русские "идн", и в некотором смысле не евреи вовсе. Потому что в том же самом некотором смысле израильские арабы – и христиане, и мусульмане – составляют часть этого же народа. И то, что одна часть народа ненавидит другую, так это народ как этно-целостность убивает необязательно: мало ли кто кого не любит внутри США. Афро-американцы такие же американцы, как и англо-саксы, и те же американские евреи, хотя отношения между ними и не всегда идиллические...

Насколько израэлиты (за неимением лучшего этнонима назову новый народ так) являются евреями, продолжают историческую линию евреев? Как ни странно это может звучать после всего сказанного, да – продолжают. Гордые колонизаторы Палестины, не знающие хлыста антисемитизма, продолжают ту же историческую работу, которую евреи делают всю свою историю: хранят Завет, хранят Тору.

Как? Что это такое - хранить Завет? Об этом в другой раз.

Послесловие. Так кому же я адресую этот блог, если русского еврейства в Израиле нет, а есть недорасплавившаяся в плавильном котле русские олимы? Ведь еще через 23 года не будет и их. Они (мы? пока не знаю), конечно, расплавятся. Но не бесследно. Через них (нас?) произойдет напитывание нового народа смыслами вывезенными нами из стран рассеяния. Как многое привезли в Израиль ашкенази из Европы, Штатов и сефарды из мира Ислама, так же свой вклад в этногенез евреев-израэлитов вносят и потомки русских идн. Импульс строить государство развития станет таким импульсом, как уже им стали идеи европейские идеи демократии и русские – социализма.

КРУГ 2

ПАЛЕСТИНЦЫ: ЗАДАЧА НЕ РЕШАЕТСЯ В ПОЛИТИЧЕСКОЙ ПЛОСКОСТИ (2+) 10/8/2016

Есть шесть спичек. Как из них сложить четыре правильных треугольника, сторона каждого из которых равна длине одной спички?

Сколько хотите выкладывайте спички на столе – ничего не получится. Потому что эта фигура – объемная. Тетраэдр, пирамида. Как только догадались, что фигура объемная, так сразу все и получилось.

Задача устройства надежного мира – из того же ряда. Сколько угодно можно спорить: давить гадов или проявить мягкость, сила или переговоры... Но ни то, ни другое мира не приблизит. Потому что – понятно же: давить, проявлять силу – разжигать ненависть, сжимать пружину, которая рано или поздно (и увы – таки да, рано, гораздо раньше, чем хотелось) разожмется. И с переговорами не лучше – огонь ненависти пылает и так, и, естественно, проявление слабости или даже сдержанности провоцирует его извержение.

Обе стороны здесь в равной степени правы и в равной степени не правы. Одни правы в том, что на штыках долго не усидишь, ну еще десять лет, ну еще сорок, ну, сто в лучшем случае... И все эти сто – как в осажденном лагере? Другие правы в том, что только ослаб хватку – немедленно получишь интифаду под ребро. Одни не правы в том, что силой можно заставить отказаться от желания уничтожить Израиль. Другие – в том, что гибкость сделает пышащие ненавистью миллионы терпимыми к объекту их ненависти.

Так где же выход? И "ты тоже прав, Хаим"? Нет, выхода в этой плоскости найти не удастся вовсе. Потому что разговор идет не о том: и силовая политика может быть разумна, и переговорно-умиротворяющая. Но сама по себе ни та, ни другая цели не достигает.

То же и с разговорами, что правильней: два государства или аннексия в том или ином виде – как федерация или как унитарное государство. И то, и то само по себе плохо: как иметь врага рядом, так и иметь его внутри. И споры о том, судить ли Эльора Азария или награждать, хорошо было менять Яалона на Либермана или не очень, – всё это тоже разговоры не о том. Конечно, если мы имеем в виду решение более общей задачи.

Нужно вырваться из плоскости: перестать говорить только о политике и начать говорить о других материях – о любви и ненависти, о смыслах, о развитии... И тогда выяснится, что нет какой-то одной безусловной политической стратегии, а есть определяемая ситуацией система выборов политических шагов, которые сегодня должны быть "ястребиными", завтра – "голубиными", а послезавтра – снова "ястребиными"...

С той же аннексией. Была бы она хороша? Да, но только в том случае, если ее следствием не станет аппартеид и разжигание того костра, который и так уже 70 лет то пылает, то тлеет.

Главная же проблема здесь – не в отделении или в поглощении. Главная проблема – в ненависти. Ее надо погасить. А как? Вот о чем нужно думать.

Существование Израиля, то есть еврейская колонизация Палестины (к черту подробности – мы же свои люди, будем называть вещи своими именами) имеет одно оправдание – в 20-м веке то же, что и во времена Иисуса Навина. То же оправдание, что имеет любая иная колонизация: развитие заброшенной земли ("целины") и людей, ее населяющих. Если всю свою преобразовательную деятельность ты ограничиваешь охотой на бизонов и сниманием скальпов с менее удачливых партнеров по военным играм, то тебе нужно ждать нашествия бледнолицых. Хозяева (ну, ладно – пусть, жители, обитатели) Палестины плохо заботились о своей земле и о себе самих. Вот и пришли евреи заботиться хорошо. О земле. Но обитатели земли – это тоже часть земли.

Землю Палестины евреи преобразовывают прекрасно. Самих палестинцев – много хуже. Почему? Потому что не считают это своей обязанностью. Не понимают, что это их обязанность и, следовательно, и не принимают ее.

Решение задачи поиска мира и создания сколько-нибудь стабильных условий жизни Израиля – в изменении осмысления ситуации, в нахождении нового смысла. А для этого и вместе с этим – и в изменении отношения к палестинцам.

С самого начала это отношение – как к помехе в деле образования Израиля и, естественно – как к врагам. Отношение вполне естественное, подкрепляемое и закаляемое семидесятилетней войной.

Но отношение такое убивает надежду на мир – делает ту или иную форму войны неизбежной. Победить же в такой войне невозможно. Можно выиграть битву, но не войну.

Главный враг здесь – ненависть. Вполне взаимная сегодня. Против нее должно быть направлено оружие.

Как? Сюсюкать? Давать себя убивать? Нет, конечно. Политика не должна быть идиотской. В ней должна быть и сила, и жесткость, и временами даже жестокость. Но всё это не должно быть самоценным. Всё это должно быть подчинено иному смыслу: не убить врага, не выгнать врага, а развить врага, поднять его до своего уровня и тем самым превратить врага в друга. Иначе говоря – полюбить врага.

Это очень сложная работа, которая в значительной мере противна нашей ментальности. Я помню, как четырнадцатилетним мальчишкой отплясывал на Архипова, распевая "Строим мы синагогу, будем молиться богу: чтобы все гойи сломали ногу". Помню смесь ненависти и презрения к арабам, которой дышали мы все – юные сионисты Советского Союза. Перерасти это удалось немногим, и, естественно, напитанный войной воздух Израиля не способствовал такому перерастанию.

Но другого решения здесь нет. Ни "ястребинность" и ни голубинность" позволят решить эту задачу, а сдвиг в понимании ее условий. Военные технологии, щиты и разделительные заборы – всё это паллиативы. И переговоры с территориальными уступками – тоже. Нужно другое – нужно долгое наведение мостов, нужна работа по ассимиляции, нужно просветительство... И главное – нужно терпение. Необходимо выстраивать другой тип отношений – как в семье: отношений между старшим и младшим братом, где оба – трудные дети.

Готово ли общество к пониманию этого? Не очень, конечно. Но здесь нет альтернативы. Иначе придется все так же чертыхаться, что шести спичек для четырех треугольников маловато. Вот было бы девять!..

УГРОЗЫ И ВОЗМОЖНОСТИ (2+) 18/8/2016

Угрозы. Их две. Первая - мы теряем свою пассионарность. Но об этой угрозе надо говорить отдельно. И вторая угроза: "они" не прекращают нас ненавидеть. Может быть, ненавидят всё больше.

Два эпизода из нашей поездки по Израилю в 93-м году, я рассказываю о них в "Свете Жизни". Две прогулки: по Вифлеему днем и по ночному старому городу в Иерусалиме. В Вифлееме, там еще было понятно – мы шли по людной улице, и ненавистью пыхали глаза людей. И это при том, что Вифлеем – туристический город и видели они в нас с женой только туристов. Ненависть была направлена не на нас – просто ей был напитан воздух. Но в Иерусалиме всё было еще более странно. Людей не было. Совсем. Три часа ночи, полностью безлюдный город. А ненависть висела в воздухе. И такой густоты, что ее можно было ложкой есть. Никогда нигде в другом месте я в такое не погружался.

Стало ли лучше сегодня? Боюсь, стало хуже. Да, и с чего бы стать лучше? Будет ли лучше завтра? Если ничего не менять в нас, с чего бы становиться лучше?

А что можно изменить в нас – целоваться с ними, с нашими убийцами, что ли? Нет, конечно. Не целоваться. И вообще тут речь идет не об изменении поведения. Само по себе одно изменение поведения, изменение политики ничего не даст: будем мы воинственны или миролюбивы, уступчивы в переговорах или настойчивы – это ровным счетом ничего не изменит. Нас будут ненавидеть и так, и так. И нашими уступками мы ничего себе не купим. В этом отношении правые правы. Не правы правые, когда думают, что на штыках можно жить вечно. Когда отказываются даже не то что понимать – понимать здесь нечего, всё самоочевидно – а думать о том, что наша ненависть к ним возвращается бумерангом их ненависти к нам. Мы не столько запугиваем их, сколько накачиваем их пассионарность. И получаем как бы негатив своей собственной истории. Вам ничего не напоминает сцена, когда мальчишка швыряет камень в вооруженного солдата? Никакие сравнения на ум не приходят? Никакие ассоциации?

Для таких вопросов правые закрыты. И понятно: откройся они – и от правизны их ничего не останется. Но в этих вопросах всё равно нет ответа, что делать. Плоха слабость, но плоха и сила.

А ответа здесь и быть не может. Потому что менять здесь нужно не поведение, а отношение. И даже не просто отношение само по себе, а смысл – наше понимание всей ситуации. Не врагами, которых нужно уничтожить или выгнать, мы должны увидеть "их", а своими подопечными, которых нам надо вывести из темноты к свету. Иногда лаской, иногда на аркане, но вывести. Увы – от такого видения ситуации мои читатели, мягко сказать, далеки.

А ведь возможности для этого есть. В сегодняшней ситуации есть не только очевидные угрозы растущей ненависти. Есть и другое. И это другое нужно видеть.

Несколько зарисовок.

Первая – стайка арабских девушек перед Куполом Скалы. В платках, в длинных юбках – всё, как положено. Фотографируются. Вдумайтесь – ФОТОГРАФИРУЮТСЯ. Девушки-МУСУЛЬМАНКИ. Перед третьей по значимости исламской святыней. Точно так же они могли бы устроить в этом месте пикник и полакомиться бужениной. Но это никого из окружающих радетелей за чистоту ислама, шикающих на туристок, чьи юбки не доходят до земли, не смущает. Фотографируются, и на здоровье.

Другая сценка, таких вы много видели – арабка в платке за рулем автомобиля с зеленым номером, везет семью с мужем и взрослыми сыновьями на Мертвое море.

Третья – возле Дамасских ворот. Здесь уже не просто платок – никаб, одни глаза видны. Но не просто глаза, а глаза с искусным макияжем. И что совсем интересно – не "отсутствующие" глаза, традиционные для дам-мусульманок, не глаза, избегающие встречи взглядами с любыми мужчинами, а глаза интересующиеся, кокетливые и едва ли не стреляющие. Мне немало пришлось побывать в странах ислама. Раньше такое увидеть было нельзя даже у гордых женщин Востока в СССР. Кокетливые никабы – это что-то новое в исламской культуре. И это не одна дама в никабе. И не две. Будете в этих местах – присмотритесь. В этом смысле дамы из ультра-ортодоксальных еврейских районов куда традиционно-скромнее.

И, наконец, четвертая – интернет, смартфоны. Это тоже меняет традиционный арабский мир. Смартфоны повсюду. И через них в традиционную жизнь течет современность. И нельзя сказать, что традиционная жизнь сопротивляется. Наоборот – жадно впитывает в себя современность.

Люди меняются. И эти изменения не только в росте агрессии по отношению к нам. Эти изменения – и в росте открытости по отношению к современной культуре, и в росте желания быть современными людьми и жить современной жизнью. Естественно, это не единственная тенденция. Неоколониализм – к черту подробности, будем называть вещи своими именами – вырастил и паранойю ультра-традиционализма как идейную подпитку борьбы с колонизаторами. Но эта паранойя мало жизненна: нельзя в 21-м веке жить по законам 11-го. И в этом нельзя – возможность для нас.

Только сумеем ли мы ей воспользоваться? Честно говоря, на оптимистичный лад настраивает немногое. И в этом нашем неможении – главная угроза нам.

Но об этом – в следующий раз.

ЗЛОЕ ПРОРОЧЕСТВО (2+) 19/8/2016

Я не единственный алармист в сегодняшнем Израиле. Враг крепчает, мы слабеем. Не технологически, и не экономически. Здесь еще долго потенциалы будут несравнимы. Слабеем психологически, или, если хотите, духовно. Используя модное гумилевское слово – теряем пассионарность. А "враг" ее наращивает. И, значит, победа будет за ним. А поражение – за нами. Когда? Завтра. Нет, не завтра. Но – послезавтра.

Рост пассионарности палестинцев не видеть нельзя. Помните Давида против Голиафа? Еврея против палестинца (фалестинца, фалистемлянина)? Мальчишку против великана? Сегодняшние безусые палестинские камнебросатели, готовые быть убитыми нашими еврейскими Голиафами, защищенными чешуйчатой броней и медными наколенниками, медным шлемом и медным щитом и вооруженных копьем, один наконечник которого весит под 7 кг – это палестинские Давиды. Кощунственное сравнение? Да, кощунственное. Но, увы – точное. Такими же Давидами были и деды сегодняшнего Голиафа, отвоевывающие землю Израиля у огромного арабского мира. Так же и наши юные отцы (а у кого-то деды) с пращой шли на автоматы нацистов в Варшавском гетто. Кощунственное сравнение? Да, конечно. Отличий много. Мы – евреи, они – не-евреи. Нам грозила смерть, им смерть не грозит. Отличий много. Но здесь важнее видеть не второстепенные отличия, а первостепенные сходства. А сходство в том, что они видят врага своего народа (неважно даже, насколько их виденье соответствует реальности) и готовы умереть в борьбе с ним (и здесь неважно, почему они на это готовы – из-за религиозных фантазий, обиды, мстительности или под воздействием пропаганды и плохого воспитания). Сходство – увы – и в другом: "Узнают все, не мечом и копьем спасает Господь, ибо это война Господа". А Давида мусульмане почитают, почти так же, как и мы: "Они (мы, евреи) разгромили их (палестинцев, фалистимлян) по воле Бога. Давид убил Голиафа, и Бог дал ему царство и мудрость, и научил его тому, чему пожелал. Если бы Бог не сдерживал (одних) людей (посредством) других, то земля (наполнилась бы) нечестием. Однако Бог обладатель милости к мирам." Это Коран.

Не менее заметна и утрата пассионарности нами. Не полная пока. Пока не полная. Но уже вполне видимая невооруженным глазом. Сионистская идея еще греет множество сердец, но уже не горит в них огнем. Мы уже подустали. Нам хочется спокойной и безопасной жизнью. Мы уже не те пионеры-первопроходцы, как отцы и деды, приехавшие поднимать Палестину. Мы уже в гораздо большей степени обыватели. А что будет через поколение? А через два?

Этот паттерн многократно повторяется в истории: всплеск пассионарности ведет к подъему народа и его государства, но затем подъем сменяется падением. И государство гибнет. Именно это произошло с древним Израилем дважды. Дважды были разрушены наши Храмы, дважды гибло государство.

Почему это происходило? Ответить можно на разных языках, но это будет один и тот же ответ. На языке религии – мы утрачивали связь с Богом. Нам казалось, правда, что это Бог отворачивался от нас, хотя отворачивались от Бога мы сами. Пророки кричали нам об этом. Но когда евреи слушают пророков? На языке этики причину можно обозначить, как утрату чувства своей правоты. Для действия нужна энергетическая подпитка. Откуда она берется? Ее дает идея – понимание, что делать нужно то-то и то-то. Что "то-то и то-то" правильно, истинно. Когда такого понимания нет, а, наоборот, есть другое – "что что-то я делаю не так", канал энергетической подпитки перекрывается и энергия действия сходит на нет.

Именно это с нами и происходит. Первыми "что-то не так" заметили левые и попытались "не так" исправить. Но и правые чувствуют "не так" не меньше. Хотя и реагируют на "не так" противоположным образом – хотят не исправить неправильное действие, а усилить его. Шансов на это у них нет никаких: упорство в "не так" не лучший вид упорства.

Чем это закончится? Это зависит от нас. Сумеем восстановить связь с Богом и обрести чувство своей правоты – всё будет хорошо. Не сумеем – повторим истории двухсполовиной- и двух- тысячелетней давности.

Как восстановить связь? Спрашивать здесь нужно не про ВОС-становить, а про У-становить. Для этого мало ДУМАТЬ, что ты слушаешься Бога. Для этого нужно ПОНИМАТЬ, что Бог от тебя хочет. Хочет ли Он, чтобы ты срезал у новорожденных мальчиков чехол, покрывающий головку полового члена, или Бог хочет, чтобы ты срезал со своего сердца всю его не-Божественную оболочку, оставив там только самое чистое, самое Божественное. Хочет ли Бог, чтобы ты не пользовался по субботам городским транспортом, или Бог хочет, чтобы ты не забывал, что помимо житейских дел в твоей жизни есть и более главное – Он, Бог, который ждет встречи с тобой, и встреча эта произойдет отнюдь не после твоей смерти. Или не произойдет. Устраивает ли Бога, что у тебя есть такой идол, как деньги? Или даже – такой идол, как Израиль? Или же Богу не нравятся никакие идолы – ни те, которые ты считаешь идолами, ни те, которые ты идолами не считаешь, но которым все равно поклоняешься и служишь?

Продолжая говорить на языке религии, нам нужно перечитать Тору и вытащить из нее новые, современные смыслы. А говоря языком светским, нам необходимо свериться со своей совестью. И послушать, что она нам скажет – что мы делаем правильно, а что неправильно, и как – правильно. Ну, возможно, и даже не "возможно", а наверняка, нужно будет с совестью поспорить, попытаться ее переубедить, объяснить, и даже поругаться. Но в конце концов всё равно придется послушать.

Что главное в этой работе? Я бы сказал, что главное здесь – уменьшить прагматизм. Не спешить отвечать, что делать. Наша проблема не в деланье, а в понимании. В осмыслении. Вот чем нам нужно заняться. Не щадя ни сил, ни времени, ни себя самих. Только так мы сможем избежать исполнения злого пророчества.

О ЛЮБВИ (КОММЕНТАРИЙ НА СТАТЬЮ ЛАЙТМАНА) (2+) 22/8/2016

Пятнадцатое ава дало повод Михаэлю Лайтману поговорить о любви.

Тема слишком важная для Израиля, чтобы отвлекаться на пересказ истории праздника, заставляющей вспомнить о злоключениях Бога в Содоме. Вопрос куда более значимый – что есть любовь? И не менее важный – откуда она берется?

Лайтман на первый вопрос не отвечает, быстро переходя ко второму, где его мнение сильно перекликается с некрасовским "то сердце не научится любить, которое устало ненавидеть". Есть в человеке две связанные силы: любовь и ненависть, без одного нет другого, одно рождает другое. То есть любовь производна от ненависти.

В некотором смысле он прав. И даже – в некоторых смыслах. Но – далеко не во всех. И не в самых практически для нас главных. В чем здесь упущения? В недифференцированном подходе к тому, что скрывается за словом "любовь". У слова несколько значений.

Первое – желание обладать, поглотить, слиться... Это своего рода психологическое притяжение, которое проявляет себя как в стремлении владеть вещами, так и в сексуальном влечении, так и в романтической любви. Противоположность здесь – отвращение, отторжение, презрение...

Вырастает ли одно из другого?

Посмотрим на юношу десяти лет от роду, который дергает значимого другого (так это называют психологи) за косу, а через два года в этого значимого другого влюбляется. Как будто Лайтман прав: здесь от ненависти до любви один шаг. Только ненависти здесь нет и вначале. Есть значимое отношение, есть желание самоутвердиться, есть стремление доминировать. Которое может стать позже стремлением обладать. Но отвращения нет, нет стремления "от", наоборот, есть стремление "к", к сближению.

В других случаях превращение ненависти в любовь еще сомнительней. Человек, не любящий, скажем, манную кашу, не начнет ее любить, только потому что ненавидел раньше. Для такой смены отношения нужны определенные физиологические изменения.

Впрочем, это для нашей темы не так и важно. Потому что стремление к обладанию – низший вид любви. И вид этот не делает нас счастливыми надолго, даже когда нам удается добиться желаемого. Так можно любить только то, чего у тебя еще нет. Страсть к уже имеющемуся много слабее. Правда, она усиливается, когда ты обнаруживаешь, что "твоё" могут отнять. Но чувство горя от потери или чувство страха потери (например, ревность) сами по себе любовью не являются.

Другой, высший вид любви – это стремление делать добро. И важнейший вопрос здесь – что есть добро?

Простейший ответ – делать приятное. Но, естественно, это ответ не самый мудрый. Ведь за приятным может последовать очень неприятное. Когда горячо любимый ребенок с воспаленными гландами умоляет вас купить ему немного мороженого – ну порций семь, или хотя бы пять – вы едва ли захотите доставить ему такую радость. Так что ответ на вопрос, что есть добро, нужно искать глубже.

Впрочем, найти его не очень трудно: делать добро – это помогать развитию. А делать зло – препятствовать развитию.

Кого мы любим в этом, высшем смысле? То, о чем знают все, – детей. Нам от них ничего не нужно, только бы они были хорошими, только бы им было хорошо. Люди религиозные приписывают такую же любовь Богу. Хотя в Божеской любви к нам есть и первый атрибут – желание быть вместе. Потому что, когда мы развиваемся, когда становимся лучше, мы приближаемся к Богу. Впрочем, более подробный анализ этого вопроса уведет нас в дебри онтологии, что сейчас совершенно не нужно.

Вырастает ли высшая любовь из высшей ненависти? Если говорить вообще, то да: зло оборачивается добром. Поэтому в книге Иова Сатана и назван в числе детей Бога. Но, сменяя ракурс с онтологического на психологический, легко видеть что ненависть, то есть стремление лишить человека возможности развиваться и даже вынудить его регрессировать, ничего общего с любовью не имеет. Либо я тащу человека на веревке вверх, либо я луплю его по голове, чтобы он, не дай бог, не поднялся. И чтобы перейти от ударов по голове к вытаскиванию наверх, мне нужно радикально измениться самому. Мои удары по голове стремящегося подняться моей внутренней эволюции никак не помогают. Я становлюсь добрее не потому, что был злым раньше. Моя злоба не является предпосылкой для моей доброты, и моя доброта вырастает не из моей злобы. Доброта растет из совсем другого корня – из расширенного сознания.

Такова теоретическая канва вопроса. А теперь – какое всё это имеет отношение к евреям? И к Израилю? Самое непосредственное.

Израилю катастрофически не хватает любви. Вообще говоря — даже любви к "нашим": разные группы друг друга недолюбливают, легко находя причины для такой неприязни. И многие авторы видят в такой недоброжелательности главную угрозу: нелюбовь разрушает единство народа и делает его слабее. Но главная угроза не здесь.

Нелюбовь к "ненашим", к врагам еще страшнее. Потому что такая нелюбовь побуждает нас становиться для "ненаших" источником зла и таким образом действовать, если использовать религиозный язык, анти-Божественным способом, а на языке более светском — идти против своей совести. Поведение такое не бывает, просто не может быть достаточно энергичным. Здесь главный источник нашей слабости — более или менее ясное осознавание, пусть даже просто догадка, пусть лишь допущение своей неправоты.

Нам необходимо любить, чтобы быть сильными. Но мы этого не понимаем. Вначале сильными нас делала любовь к земле, к своей земле. Но сегодня этого уже мало. Любовь к земле требует от нас любить всех ее обитателей. А с этим у нас серьезнейшие проблемы. Ну, вот хотя бы чтобы далеко не ходить.

Информационным поводом для этой заметки стала статья Михаэля Лайтмана. Я давно слежу за его публицистикой и порой с радостью отмечаю ее сильные места в наблюдениях, анализе и даже в методологии. Многое из того, что он рассказывает о каббале, верно, кое-что — и глубоко, глубже, чем у его многочисленных критиков. Некоторые мелочи нуждаются в коррекции или в более четком изложении, но это не так существенно.

Существенно другое — камень преткновения, когда каббалист Лайтман вдруг как будто натыкается на стену и каббалистом, то есть человеком, сделавшим свой внутренний рост главным своим делом и в этом деле существенно продвинувшимся по сравнению с окружающими, так вот каббалистом Михаэль Лайтман вдруг быть перестает.

Это случается, когда он начинает говорить о палестинцах и вообще об арабах. Духовный учитель исчезает и на его месте возникает обычный ксенофоб. С обычной бытовой ненавистью, ну, пусть даже не ненавистью, это может и слишком сильное слово, пусть не ненавистью, пусть "всего лишь" неприязнью к арабам.

Точно такую же картину мы видели в России, когда среди русских духовных учителей — любых: Гоголя, Достоевского, Толстого и даже Чехова — вдруг проступала наивная, охотнорядная, темная, глухая неприязнь к евреям.

Неприязнь к арабам для израильтян естественна и конституциональна: страна возникла в войне с арабским миром и живет в этой войне.

Но она не только естественна. Она и губительна.

Ненависть убивает не только ненавидимого. Но и ненавидящего.

НЕНАВИСТЬ – ЛЮБОВЬ – ЕДИНСТВО (2+)
24/8/2016

То, что значимость темы любви и ненависти израильским обществом признается, радует. Как эта тема разрабатывается, больше огорчает. Хотя иногда к огорчению подмешивается и улыбка.

Мы разрознены, мы ненавидим друг друга, нам надо единение. Когда мы будем любить друг друга, когда мы объединимся, тогда и мир нас полюбит. Храм был разрушен из-за того, что мы не любили друг друга, и сегодня нам грозит та же опасность.

Со всем этим можно было бы согласиться, если бы только так настойчиво не всплывал в памяти анекдот советских времен про дружбу народов с точки зрения, ну, скажем, армянина. Напомню. Дружба народов – когда все народы любят друг друга и, дружно взявшись за руки, идут бить азербайджанцев.

Единение не всегда основано на любви. Единение не всегда обеспечивает любовь окружающих. И единение не всегда залог выживания, и тем более процветания.

Вспомните единство фашистов. Фашио от фасция (fasces) – пучок, объединение. Правда, не просто пучок, а пучок прутьев. С топором в середине – для непонятливых. В общем, не орудие любви. Ну, и как – стало ли такое объединение причиной любви окружающих? Принесло ли оно благоденствие объединившимся? Или хотя бы – просто силу?

Дело здесь не в единении самом по себе. А в единении на правильной основе. Правильная же основа – это любовь, стремление к хорошему, к Богу, если хотите и если вам не претит религиозная лексика.

Основа же эгоистическая, или эгоцентрическая (пусть нам будет хорошо, а остальные нас не интересуют) – это основа зыбкая, и храма на ней не построить. Почему зыбкая? Потому что она не связана "цементом", силой взаимного притяжения – любовью. И не может быть связана.

Эгоизм и эгоцентризм свидетельствует об узости сознания: человек видит свое "Я" (в случае группового эгоизма – своё "коллективное Я", своё МЫ), но этим его мир и ограничен. Мира вокруг Я (индивидального или коллективного) для него нет. А значит, он не видит и дороги, пути, которую его Я предстоит пройти. Не видит пути своего развития. И это естественно, так как, чтобы увидеть свой путь, ему нужно разотождествиться с собой, взглянуть на себя со стороны. Как следствие, такой человек не может помогать развиваться даже себе. Даже себе он не способен делать добро. То есть даже себя самого он не может любить. И подавно не может любить никого другого.

Именно по этой причине фашизм не совместим даже с гуманизмом. Не говоря уж о более высоких идеях раскрытия в человеке надчеловеческого – бутона Божественного. Я уже писал об опасности эгоцентризма и опасности ненависти. Они не позволяют объединиться на правильном, твердом основании – основании любви.

Устроить же это основание можно, только преодолев ненависть. Но не качнуться, как на качелях, от ненависти к любви, а переплавить свою ненависть в любовь. Как это сделать? Прежде всего нужно расширить свой мир, признав в нем живыми существами и своих политических оппонентов, и своих врагов – как личных, так и врагов государства.

Господствующий тренд сегодня – давайте любить друг друга: религиозных и нерелигиозных, ашкенази и сефардов, богатых и бедных, правых и левых... А вот палестинцев и прочих арабов, которые нас не любят, мы тоже любить не будем. Что, мы дураки что ли?

Здесь ошибка психологическая. Ненависть к другим не позволит нам любить своих. Не умещаются в одной душе рядом любовь и ненависть. Либо мне хочется обнимать, либо бить. Если я наполнен гневом (неважно, праведным или не очень; праведным, вообще-то, гнев не бывает), то в моей душе не остается места для любви. Ни для какой – даже для любви к себе. Даже для любви к тем, кого я этим своим гневом защищаю. Гнев фокусирует мою разрушительную (злую) энергию на объекте гнева. А другой мой излучатель в это время работать не может. Потому что он будет гасить мой гнев. Это точно так же, как нельзя с факелом встать под душ.

То, что себялюбие, эгоизм (неважно, индивидуальный или групповой) не есть любовь и, более того, с любовью не совместим вовсе, осознается мало. А как же мать, нежно любящая своего ребенка и ненавидящая всё, что ребенку угрожает? Ведь материнская любовь – тоже вид группового эгоизма: "мы учимся ходить", "мы пошли в школу": психологическая пуповина рвется куда позже физической, а часто и вообще не рвется. Здесь всё точно так же: в той мере, в какой материнская любовь является эмоцией, направленной на другого, на отдельный объект (не на часть себя), она так же несовместима с ненавистью. При защите ребенка ненависть вытесняет любовь.

В животном мире такое вытеснение часто оправдано интересами выживания. В человеческом, когда он следует животным законам, — тоже. Но основой для построения долгосрочных человеческих отношений ярость к врагу стать не может. И, тем более, она не может объединить нас на долгосрочной основе. На нас напали — мы нанесли ответный удар. Пусть для этого удара нам пришлось вспыхнуть ненавистью-яростью. Но после того, как удар нанесен, продолжать ненавидеть, ненавидеть и ненавидеть разрушительно уже не по отношению к врагу — разрушительно по отношению к себе. (В скобках замечу, что животные так не делают: только что бывшая в ярости тигрица, отогнав врага, через пять минут мирно облизывает тигренка; люди менее отходчивы.)

Если мы хотим правильного объединения, то нам нужно объединение на основе любви. Такое объединение, в самом деле, исправит отношение к нам со стороны всего мира — мир увидит, что из Иерусалима струится и иной Свет, рукотворный. Именно такой, по какому мир изголодался.

Но чтобы объединиться на основе любви, нам придется изменить себя — расширить свое сознание, впустить в него, кроме себя самих, и остальной мир. С его несовершенствами, желаниями, предрассудками, страхами, горестями и страданиями. Это, конечно, относится прежде всего к согражданам. И здесь Лайтман и многие его единомышленники были БЫ правы: если рассматривать любовь между разными социальными группами как первый шаг, такое любовное единение могло бы быть полезным. Но в том-то и дело, что и такое объединение становится возможным только при нейтрализации любой ненависти, любой ксенофобии, любой нелюбви к другим, включая, естественно, и неприязнь к арабам, палестинцам, террористам, гойям и так далее.

Это очень серьезный вызов. Здесь требуется перекройка огромной части нашего ментального аппарата. Готовы ли мы к этому сегодня?

Очевидно, нет. Но то, к чему мы можем быть готовы, это к осознанию этого вызова. Ненависть не позволит нам любить. А отсутствие любви не позволит объединиться правильно. Без правильного же объединения мы не сможем быть сильными. Со всеми вытекающими последствиями.

ПРАВЫ ЛИ ПРАВЫЕ: О ДУХОВНЫХ ВОЙНАХ (КОММЕНТАРИЙ НА СТАТЬЮ ФЕЙГЛИНА) (2+)
12/8/2016

Мое внимание привлекла статья "Это духовная война". Мысль этой коротенькой статьи, повторяемая автором и в других текстах, простая и как будто правильная: война с терроризмом (палестинцами) – война духовная, и победит в ней тот, чей дух сильней. То есть – кто прав.

Первое замечание, общее – есть только одна духовная война, и она ведется прежде всего внутри себя. Это война добра и зла, то есть добрых и злых мыслей, чувств, желаний и т.д..

Именно эту священную войну имеют в виду в своих глубинных смысловых слоях все главные религиозные книги, и конечно, Тора. Там где речь идет про битвы, про убийства, про уничтожение врагов, всегда, без исключений скрытый, духовный смысл сказанного – убей плохое в себе.

Не "убей плохого человека". В отношении убийства людей есть другая, шестая заповедь, которую принес нам тезка автора, заповедь короткая и безусловная: не убивай. Не убивай, и всё тут.

Что это означает на практике? Что убивать человека можно ТОЛЬКО тогда, когда НЕ-убийство само ЯВЛЯЕТСЯ убийством. То есть убивать можно, только когда нет другого способа предотвратить убийство.

Я не случайно выделил "ЯВЛЯЕТСЯ": не КАЖЕТСЯ, а ЯВЛЯЕТСЯ. Мы очень любим объяснять свои убийства, объявляя наших жертв убийцами и оправдывая совершенное НАМИ убийство необходимостью предотвратить ЕЩЕ НЕ СОВЕРШЕННОЕ, но ПО НАШЕМУ МНЕНИЮ неизбежное их преступление. В реальности, конечно, такие объяснения чаще всего лживы: мы просто не хотим искать эти другие способы...

Итак, наш главный враг сидит внутри, и одно из обличий этого врага – ненависть. Духовную войну с ним ведет его антогонист – любовь. В том числе, и любовь к врагам. (Как заметил один весьма мудрый человек, в любви к друзьям доблести нет, а ты попробуй полюбить врага.)

Моше Фейглин прав, когда говорит, что победить мы можем, только ведя духовную войну, то есть когда мы проникнуты сознанием, что действуем на стороне добра. Но он не видит простейшей вещи: что, пылая ненавистью к врагу, таким сознанием проникнуться можно только в одном случае: если враг – воплощенное зло. Иначе наша ненависть сама делает нас воинами зла и, следовательно, стороной, обреченной на поражение в духовной войне.

Не понимает, кажется, Моше и другого. Сознание справедливости своих действий, сознание правоты дается не внешними влияниями, как, например, статьи в прессе. Оно приходит изнутри, из того источника, который в русском языке называется "совестью".

Можно, и мы это постоянно делаем, этот голос совести, конечно, заглушить, доказать себе с помощью тех или иных логических аргументов, что совесть не права, говорит чушь, а на самом деле делать нужно то-то и то-то, не обращая внимания на протесты этой ничего не понимающей совести. Но такие глушилки работают не очень долго, а главное, не дают того, что так хочет получить Моше – чувства правоты. Действия против совести потому и не бывают успешными в долгосрочной перспективе, что их энергетика разрушается чувством "что-то я делаю не так" (в более остром случае – "ну, и сволочь же я!"). Нет, так духовную войну выиграть нельзя.

Что это означает практически? Потворствовать терроризму? Да, нет, конечно. ПРАКТИЧЕСКИ это не означает НИЧЕГО – никакой определенной политической линии. Ни аннексии, ни "двух государств", ни равноправия, ни апартеида – ничего не означает.

Это означает другое и ИЗНАЧАЛЬНО не "практическое". Если мы хотим быть сильными, нам нужно, прежде всего, победить свою ненависть.

Семидесятилетняя война не могла не разжечь лютой ненависти евреев по отношению к арабам (и наоборот, конечно). Это естественная ненависть, хотя формы ее различны: от горячего желания убивать до тепловатого презрения. Ненависть эта не позволяет нам чувствовать себя правыми. Она обрекает нас на поражение в духовной войне, делая нас в ней слабейшей стороной – стороной зла. Нам необходимо ее преодолеть – полюбить врага. Вот в чем секрет победы. Без этого, если использовать язык религиозный, Бог не будет на нашей стороне.

А дальше решения могут быть самыми разными – жизнь в одном государстве, жизнь в разных государствах... Как получится, к чему будут готовы те, кого мы полюбим.

Естественно, ничего не произойдет безболезненно. И руки палестинцев еще долго будут тянуться к ножам. И по этим рукам нужно будет больно шлепать. Ни в какой семье без такого не обходится. Но нужно помнить, что семью разрушают не шлепки. Ее разрушает ненависть.

Сегодня правые – люди ненависти. А это делает их неправыми. И потому – слабыми...

ОПАСНОСТЬ ЭГОЦЕНТРИЗМА (2+) 13/8/2016

***Egocentrism** is the inability to differentiate between self and other. More specifically, it is the inability to untangle subjective schemas from objective reality; an inability to understand or assume any perspective other than their own. Wikipedia (Неспособность разделять свое "я" и окружающий мир. Конкретней, неспособность отличать свою субъективную модель мира от объективной реальности, неспособность понимать или принимать иное восприятие мира, кроме своего собственного.)*

В обычной жизни это знает каждый – эгоцентризм не практичен. Когда ты не учитываешь желания, интересы, намерения партнера и как бы вообще не замечаешь его существования и, следовательно, не только со всем этим не считаешься, но и не можешь считаться, то оказываешься в очень невыигрышной ситуации, где просто не можешь ориентироваться. Соответственно – получаешь неприятности со стороны того, кого ты как бы не видишь.

Во взаимоотношениях между народами неспособность поставить себя на место другого кончается тем же самым. Казалось бы, нам ли это не знать?

Но вот я читаю правую публицистику и через статью встречаю обвинение арабов в нацизме. На том основании, что они рвутся убивать евреев потому, что евреи – евреи. Стремление убивать людей плохо по определению и должно получать адекатный ответ, безотносительно к тому, кто кого собрался убивать. Но... нацизм? Вспомним, Эренбурга или Симонова с их "убей немца". Это был нацизм? Ну, так то ведь немца. Немца, конечно, не нацизм. Нацизм – когда нас, а не когда мы. Прямо так, конечно, никто не скажет. А чувствуют многие.

А вот еще одно часто встречающее, ну, назову это так – "мнение". Кто поднимает нож на еврея, теряет право на жизнь. Это дословная цитата. Не ударил ножом, а поднял нож. Логика поверхностных семантических пластов книги Эсфири. Не новая. Ну, хорошо, а тот, кто поднимает нож (то есть угрожает) на не-еврея, на гоя? Как с его правом на жизнь? А как с правом на жизнь еврея, угрожающего не-

39

еврею? Здесь нет симметрии? Евреи – особые, избранные? Да, особые. Да, избранные. Но для чего избранные? Для того, чтобы угрожать не-евреям? Абсурд же. И назвать этот абсурд "антисемитизмом" – это просто спрятаться от себя, попытаться себя запутать. Многие из нас делают это с радостью – запутываются...

В истории русского еврейства был довольно-таки страшный опыт – раздел Польши. Когда против своей воли миллионы евреев оказались в чужой стране. И не слишком к ним доброжелательной – готовой, например, десятками тысяч выкрадывать детей, одних убивая, а других обрекая на многолетнее рабство. Так выкрали моего прадеда, кантониста. Что чувствовали евреи по отношению к поработителям? Ну, до террора по национальному признаку дело к нашей чести не дошло. Но добрых чувств могло бы быть и больше. Если бы добрых чувств было бы больше к нам. Положение стало исправляться только через 80 с лишним лет, когда Россия открыла евреям путь к развитию, к самореализации. Тогда-то и появилась плеяда великих русских художников – от Антокольского до Ойстраха, Плисецкой и Бродского – и не меньшая – великих русских ученых: Ландау в физике, Гельфанд в математике, Выготский в психологии...

А каких чувств нам ждать со стороны тех, чьими правителями-покорителями оказались мы сами?

Мы часто задаем риторический вопрос: "За что нас ненавидят?". Спрашиваем, не слишком желая на него отвечать. А попытки разобраться, могли бы быть для нас небезынтересными. Конечно, мы нашли бы там подтверждения таких причин, как ограниченность, вековые предрассудки, мифы... Но... ведь могли бы найти и еще что-то. Ну, хотя бы тот же эгоцентризм, например...

Одни мы эгоцентристы что ли? Может, и не одни. Но судьба-то наша уникальна. И в этой уникальной судьбе и роль у нашего эгоцентризма тоже уникальна.

Что из всего этого следует? Что надо сдаться? Нет, конечно – ничего такого не следует. Сдаваться не надо. Но надо видеть последствие тех или иных своих действий, той или иной своей политики, а за всем за этим – своего мировоззрения, и еще глубже – мирочувствования. А для этого надо, как мы это и делаем в обычной жизни, ставить себя на место противной стороны. Потому что неважно – противная она или нет, важно, что нам с ней жить. И если мы отказываемся понимать ее чувства, желания, мировидение и жизненную стратегию, то ставим СЕБЯ в очень незавидное положение.

А что нужно для этого? "Всего-то" поставить себя на чужое место. Мы, естественно, разные. И мы в таких же обстоятельствах ощущали бы себя и вели бы себя, естественно, по-другому, не совсем так. Но что-то было бы и так. Например, такая же теплота чувства к завоевателям и покорителям...

В этом случае проще будет и просчитывать последствия тех или иных политических решений. Как "добрых", так и "злых". Ну, и вообще, гораздо яснее станет наше зрение. Как мы все это отлично знаем из ситуаций нашей обычной, повседневной жизни.

НЕ ПРИВАТИЗИРОВАТЬ БОГА (2+) 14/8/2016

Самое яркое впечатление от Иерусалима-2016 – посещение Храмовой Горы.

Не понимаю, почему так случилось – у меня было много важных, личных, практических дел – но меня всё время тянуло туда. Ну, просто – как магнитом. Нет, конечно, одна причина была объяснимой: как историк культуры я давно хотел увидеть Купол Скалы. Не на фотографиях, а живьем. Вблизи. Но было и что-то еще. И когда я увидел Купол с Масличной горы, желание побывать на Храмовой Горе только усилилось.

И вот мы поднялись. И не пожалели. И еще как "не пожалели"! (Я об этом еще буду рассказывать). Место оказалось с высочайшей энергетикой. Весь Старый Иерусалим напитан тонкими энергиями до густоты, встречающейся в мире лишь в очень немногих местах. Но Храмовая Гора, конечно, эпицентр "иерусалимской энергетики". Здесь просто кожей чувствуешь эту пульсирующую энергию. Впрочем, я не первый, конечно, кто это ощутил. И вполне понятно, почему здесь был построен Первый Храм и почему так рвались сюда наши предки из Вавилона строить Второй. И вся последующая история тоже вполне понятна.

В общем, полный восторг! И только одно омрачало мне этот восторг от бытия в таком месте.

Арабы.

Нет, мне совсем не мешало, что это их место. Мне не мешало даже, что своим мироощущением они до высокой энергетики Храмовой Горы не дотягивали. И еще как не дотягивали! Не было им до религии вообще никакого дела. Одни торговали тряпками для неосмотрительных туристок, пришедших (в конце июля) с не полностью закрытыми ногами, руками и шеей. Отличный бизнес на религии... Другие просто кайфовали в тенёчке. Третьи фотографировались. Четвертые охраняли святыни.

Вот с этими четвертыми и было связано то, что чуть-чуть отравило мне эти сорок минут на Храмовой Горе. Естественно, я захотел зайти внутрь. В Аль-Аксу – не так сильно. Но в Купол – обязательно. И я попытался объяснить охранникам, что я - историк, что изучаю культуру раннего Ислама и что мне обязательно нужно побывать внутри. Какой там! Это наше! Не пустим!

Наша гора. Наша скала! Наш Купол! Наш Бог!

В принципе, я могу понять такое отношение. Мусульмане не так уж часто так ревностно охраняют от не-мусульман свои мечети. А здесь, в месте, во-первых, для них сверхсвятом, а во-вторых, последнем в Иерусалиме, оставшимся только их, такое "моё, не трогай!" понять можно. Тем более, что для детей полуторатысячелетней религии и такого же возраста культуры подобное отношение к Богу: это мой Бог, не троньте – более-менее естественно. (Хотя основоположник религии считал Бога Богом всех людей.)

Но я хочу сказать не о мусульманах. А о нас – об евреях. О значительно опередивших мусульман в развитии евреях. Евреях, претендующих быть людьми не 7-го века, а людьми 21-го века.

Как многие из нас мечтают очистить Храмовую Гору от мусульман с тем, чтобы построить на ней свой, еврейский Храм для своего еврейского Бога! Парадокс казалось бы. Мы тоже считаем своего Бога не Богом всех людей, а только своим Богом. У нас такая же ревность к Богу. Как у маленьких братьев, дерущихся между собой: "Это мой папа! – Нет, это мой папа!". Мы так же хотим, чтобы Папа был только наш.

И сегодня, 9-го ава – особенно сильно. Сегодня мы скорбим об утрате Храма, сегодня мы поклоняемся Храму, сегодня мы творим из Храма кумир. Все наши мысли сегодня о Храме. Мы даже Тору сегодня не изучаем. Только мечтаем, как в будущем году в Иерусалиме мы снова построим свой Храм. Свой.

Но ведь Храм – жилище Бога – строится не из камней. "Я на свете всех умней, дом я строю из камней" – это совсем не про Храм. Храмом для Бога может стать только вся Земля. Но для этого сначала нужно построить Храм для Бога в своей собственной душе. Отличное дело – прибраться в доме, помыть полы и всё такое. Но много важнее провести уборку в своей душе: вымести оттуда всю злость, вычистить всю глупость, смыть всю алчность... Чтобы в ней можно было бы жить. Богу.

И уж если нам так свезло, что владеем мы таким местом, как Храмовая Гора, то и храм там нужен не еврейский, не только еврейский, а общий, общечеловеческий. Чтобы связываться в этом храме не со своим, только нам принадлежащим, приватизированным нами Богом, а с Богом всех людей.

Не о том, чтобы выгнать мусульман, отобрать у них Храмовую Гору и восстановить на ней СВОЙ Храм, нужно мечтать. А о том, чтобы сделать Храмовую Гору местом для Храма всех людей и всех религий. Бог-то у нас (если говорить о Боге авраамических религий) один на всех. И место связи с Ним не должно быть местом ненависти и драки. Это должно быть местом любви между братьями – детьми одного Отца.

А иначе? А вы знаете, что бывает иначе. Что делает отец, когда дети устраивают драку из-за того, чей он папа, и разбивают друг другу носы?

Совершенно верно. Вы правильно все вспомнили.

КУДА ИСЧЕЗЛИ НАШИ ХУЖОЖНИКИ? (2+)
17/8/2016

В последние века, в рассеянии среди евреев было много талантливых художников. И сверх-талантливых. Величайший русский скульптор Антокольский. Великий русский пейзажист Левитан. Великий русский и французский художник Шагал. Великий русский поэт Мандельштам. Великий русский писатель Пастернак. Великий русский кинорежиссер Эйзенштейн. Гениальная балерина Плисецкая. Великие скрипачи Ойстрах и Менухин... Это только несколько первых пришедших на ум имен. И (за исключением Менухина) только русские. А сколько великих было вне России!..

С таким-то потенциалом, казалось бы, Израиль должен был бы стать художественным центром мира. Всё самое великое должно было бы быть средоточено здесь.

Но... не средоточилось. Всё, с чем мне приходилось встречаться и за пределами Израиля, и внутри: музыканты, кинорежиссеры, художники, архитекторы – всё это было, мягко говоря, очень среднего уровня. Вот я писал о смехе в Яд Вашем. С одной стороны, это индикатор состояния души посетителей, но, с другой-то, ведь и сам музейный комплекс не сделан так, чтобы заставлять плакать. Нет здесь художественных откровений ни архитекторов, ни скульпторов... Нет взлётов души. Самое яркое – уходящий в никуда вагон... Насколько ярче решен скромный музей Анны Франк в Амстердаме! Вот где нельзя не заплакать, даже если ты совсем "железный"... И насколько галичевский "Кадеш" – более величественен как памятник Корчаку, чем скульптурная композиция в Яд Вашем!..

В общем, художественных взлетов израильтян я не знаю. В этом отношении душа израильского общества вполне приземлена. Есть ли взлеты в науке? Об очень высоких (сравнимых, например, с теорией относительности еврея Эйнштейна или с психоанализом еврея Фрейда) я тоже не слышал... Крепкие профессионалы – да, есть и много. Гении? Не знаю...

Общее впечатление, что общество находится как бы под духовным спудом, под давлением, которое не позволяет еврейской душе распрямляться в полный рост.

Состоялся у меня тут один разговор со стариным знакомым. Знаем друг друга без малого 40 лет. Из них в Израиле он больше 25. Был когда-то разносторонне одарен эстетически. Да, и сегодня, кажется, растерял не весь огонь... А реализоваться в Израиле не получилось. Слушал я его рассказ, как вытесняла, выдавливала его из себя израильская кинематографическая среда, и как-то невесело, знаете, становилось... Так получилось, что я видел на кинофестивалях довольно много израильских фильмов. Средний уровень не эйзенштейновский. Серенький довольно художественный уровень. Казалось бы, талантливый оператор должен был бы быть встречен радостно. Но это – в теории; не был...

Конечно, эстетическое развитие – только одна сторона духовного развития. Но важная. Потому что это не только одна из граней пирамиды, на которую мы поднимаемся, но еще и один из довольно высоких ярусов этой пирамиды: определенный пласт духовного развития, через который мы все обречены пройти, почти исключительно эстетический. И человек, эстетически ущербный, человек, неспособный к эстетическим переживаниям определенного градуса, не воспринимающий, например, музыку Баха или Моцарта или не чувствующей разницы в духовном уровне между, например, тем же Бахом и, скажем, Брамсом, и в других проявлениях своей духовной жизни будет ограничен. До поры такая ограниченность не будет важна в практическом плане, но на творчество действительно великого он способен не будет.

Для общества это очень тревожный симптом. Останавливающийся в духовном росте народ убирают с доски. Примерами такого рода заполнена история, включая нашу собственную, начиная с вавилонского плена, во всяком случае.

Конечно, наше у нас никто не отнимет. Мы будем хранить Тору, пока ее не прочитают до последнего смысла все народы Земли. Но государства своего, страны своей у нас может при этом и не оказаться. Это уже с нами бывало. Но мы мало задумываемся о причинах разрушения, что первого, Соломонова храма, что второго.

Конечно, это угроза не непосредственно сегодняшнего дня. Но время бежит гораздо быстрее, чем нам иногда этого хочется...

ИУДАИЗМ И ДУХОВНОЕ РАЗВИТИЕ (2+)
16/8/2016

Моя главная книга, сигнальный экземпляр которой я получил подарком к пятидесятилетию ровно 10 лет назад и после которой я понял, что спокойно могу умирать в любое время – главное дело сделано, называется **"Свет Жизни. История человечества в психосфере Земли"**. Она рассказывает о духовном развитии человека и человечества в ходе истории.

Книга эта наполнена разными открытиями и, что совершенно естественно, так как я сам еврей, среди этих открытий есть и относящееся к теме еврейства. О нем десятая глава (из пятидесяти глав **"Света"**), которая называется **"Книга"** (см. Приложение 1).

Однако открытие мое оказалось такого рода, что на десять лет запретило мне любые попытки писать для еврейской аудитории. Почему? Потому что то, что я мог бы сказать, разрушало бы сам феномен еврейства. А ему еще совсем не время разрушаться – еще слишком рано, час не пришел.

Иными словами, ни мне не нужно было афишировать свое открытие, ни потенциальным моим читателям из внутреннего круга еврейства, то есть людям, для которых еврейская идентификация образует ядро самосознания, не нужно было "брать в голову" то, что я увидел.

Изменилось ли что-то за десять лет? Ведь по историческим меркам это секунда. А вот мы сейчас и проверим.

У религий разные функции. Обычная функция большинства религий – духовное развитие. Религия возникает в определенный момент истории у определенного народа как инструмент, своего рода лестница, помогающая этому народу подняться на следующий уступ пирамиды духовного развития – качественно измениться внутренне: поумнеть, прежде всего, но не только – и подобреть, и вообще стать тоньше, сложнее: задавать новые вопросы, понимать новые ответы, видеть новые свойства вещей и новые взаимоотношения между вещами...

На языке психологии личности такой переход можно описать как расширение сознания, а на языке когнитивной психологии – как повышение сложности сознания, способности отражать мир более сложным – с бОльшим разнообразием связей между вещами мира.

Естественно, наиболее заметна эта функция лестницы духовного развития у молодых религий. По мере старения религия продолжает помогать духовному развитию, но уже только духовного арьергарда общества; для авангарда же, наоборот, она становится тормозом. Именно это сегодня мы и видим, например, с католичеством: где-нибудь в Африке или даже еще в Латинской Америке оно продолжает активно поднимать из дикости "дикарей", а в какой-нибудь Италии или Испании, наоборот, тормозит развитие. Примерно та же картина и с исламом: в одних, совсем отсталых местах он вполне прогрессивен, в других висит на ногах у своих адептов, мешая их духовному прогрессу.

Однако есть несколько религий, главная функция которых не в духовном развитии. Это так называемые "хранительские религии". Их главная задача – переносить во времени через многие века важнейшее знание: недоступную современникам из-за своей сложности информацию о строении мира и месте человека в мире. Переносить – чтобы донести до времени, когда люди вырастут и станут способны эту информацию воспринять, понять.

Способы такого переноса в разных хранительских религиях разные, в соответствии с ментальными особенностями народа-хранителя, но сама функция хранения – одна и та же.

Наиболее известная из хранительских религий – индуизм. Менее известная – иудаизм. Иудаизм всем свои религиозным телом, всей своей религиозной жизнью сохраняет Тору. А Тора – это такая "шифровка", адресованная будущим людям, в которой записано всё, что этим будущим людям нужно знать. Семантически многослойная шифровка.

Что является ключом к шифру? Духовное развитие, обретение особого внутреннего опыта. Без него понять ничего не получится. Ну, разве что можно написать еще один дразнящий фантазию бестселлер, вроде "Код Библии" или "Код да Винчи".

И здесь мы подходим к очень драматичному вопросу. А насколько религиозная практика иудаизма способствует духовному развитию?

И вынуждены дать на него очень неприятный ответ: не только не способствует, но отрицает его принципиально. Потому что иначе, какое же это будет хранение? Именно поэтому нельзя было открывать Ковчег Завета и вообще приближаться к Богу. Поэтому Моисей и поднимался на гору Синай без народа. Народу это было запрещено. Запрещено и сегодня.

Хотя, сегодня уже не так строго. Или все же строго?

Чтобы ответить на этот вопрос, давайте начнем с другого.

Ведь Моисей все же поднимался на Гору. И даже с Аароном. И старейшинам открывался Бог. То есть запрет не абсолютен. И, действительно, чтобы руководить народом в его главном деле — хранении Торы, нужны люди, чей духовный рост выше. Поэтому в хранительских религиях, как и в остальных, духовный подъем для НЕКОТОРЫХ из адептов не исключен, а, наоборот, необходим и предполагается. Для этого существуют соответствующие инструменты. В иудаизме это каббала.

Однако, это инструмент совсем не простой в использовании. Подъем по этой лестнице настолько труден, что во всю историю еврейства мы видим только единицы, сумевшие подняться выше второй-третьей ступени. Ари, Рамбам (забавно, что его иногда называют оппонентом каббалы), полулегендарный РаШБИ – автор более чем реальной книги Зоар... На самом деле, даже подняться от подножья на первую ступень очень трудно. А на вторую – еще труднее...

В общем, ситуация такова, что оставаясь религиозным евреем, человек останавливает свое духовное развитие. В этом и трагедия, и жертва... А развивается, если развивается, он в других, нерелигиозных сферах жизни, прежде всего, конечно, в профессии.

Всегда так? А разве пожилой рав не выше себя же, молодого? Разве он не мудрее? Ведь явно многие мудрее? Или даже все? Да, так. Но где достигается эта мудрость? Внутри весьма строго кодифицированной религии? Или вне ее? Если это происходит внутри религии, то человек становится еретиком, отпадает от канона. Но гораздо чаще религиозные евреи набираются мудрости не внутри религии, а рядом, в нерелигиозной жизни.

Пока евреи жили в рассеянии эта проблема оставалась во многом личной. Но когда появилось еврейское государство она стала проблемой государства.

Слишком много тревожных симптомов здесь. Жизненный уклад ультра-ортодоксов, мало чем отличающихся от ортодоксов иных религий, – это еще не самая острая проблема. Хотя по сравнению с заботой традиционных западных обществ о защите прав своих детей, заботой не всегда мудрой, но постоянно совершенствующейся, отношение Израиля к детям в ультра-ортодоксальных семьях не выглядит выигрышно.

Но есть и более тревожные симптомы – общекультурная деградация по сравнению с высшими достижениями еврейских ученых и художников в странах рассеяния. В Израиле не видно ни эйнштейнов, фрейдов и марксов, ни плисецких, ойстрахов и мандельштамов. Ни даже ротшильдов, соросов и бринов...

Явственно ощущается то, что можно было бы назвать приземленностью, "придавленностью" жизни. Сама организация жизни и в том числе ее религиозные формы препятствуют полной реализации того, что весь мир называет "еврейским талантом" и что сделало евреев знаменитыми среди других народов.

Впрочем, об этом нужно говорить отдельно.

ТОРА КАК ЗЕРКАЛО И КАК ЛЕСТНИЦА (2+)
21/8/2016

Сначала я хотел назвать эту заметку понаучней – "Тора как проективный тест". Есть такие тесты в психологии личности: психолог предлагает человеку материал, обычно – картинку, которую можно проинтерпретировать по-разному, и спрашивает, что здесь нарисовано. В зависимости от того, что человек видит на картинке, психолог делает вывод о его внутренних проблемах и комплексах.

Но в результатах проективных тестов можно увидеть и больше. Можно увидеть внутренний опыт человека, уровень его интеллектуального и шире – личностного развития, а также его способы осмысления мира: через какие "внутренние призмы" человек пропускает то, что видит в мире, и как он это делает.

Пять книг Моисея идеально удовлетворяют требованиям, которые психологи предъявляют к проективным тестам: материал загадочен и уж точно не однозначен. И, что ты в нем видишь, определяется твоей способностью видеть, понимать. То есть в первую очередь – твоим внутренним опытом, тем, что у тебя внутри. Если ты раздражен и зол, то замечаешь сначала, как бог расправлялся с разного рода плохишами. Если ты пронизан идеалами гуманизма, то больше тебя привлечет "не убий", а рассказы про убийства ты будешь воспринимать иносказательно. Если тебя мучают страхи, то в сюжете жертвоприношения Исаака, ты, как Кьеркегор, увидишь повесть о трепете. Как я уже замечал раньше, шолом-алейхемовский Перчик в одной из экранизаций "Тевье-Молочника" прочитал в рассказе про сватовство Иакова к Рахили указание рабочим с недоверием относиться к эксплуататорам. Один из наиболее отъявленных российских мракобесов совсем недавно рассказывал миллионной аудитории, что бог Пятикнижия требует массового уничтожения врагов государства. В общем – что у кого: что у кого болит...

Но Тора – не просто зеркало, в котором ты можешь видеть себя, читая ее просто буквально – как сказку, или выхватывая из этой сказки разного рода "намеки", скрытые смыслы. Тора — еще и лестница, по которой можно подниматься от более поверхностных смыслов к более глубоким. (Конечно, надо было бы сказать не "подниматься", а "углубляться к глубинным смыслам", но речь идет именно о подъеме, о расширении горизонта своего видения и о видении мира бОльшим и более сложным.)

Если предел у такого подъема? Иначе говоря, есть ли у Торы ее "подлинный", "настоящий", "самый глубокий", "истинный" смысл? Это вопрос, конечно, интересный, но — только теоретически. В практическом плане он совершенно бессмысленен. Почему? Потому что у каждого из нас, современных людей, и даже ученых-современных людей, и даже очень ученных современных людей на этой лестнице есть следующая, более высокая ступень с более глубоким смыслом, куда он может подняться и куда он должен подняться. Вот что важно практически. А не то, сколько в лестнице ступеней и какая последняя. Что мне за толк знать про последнюю ступень, когда реально о том, чтобы узнать ее, я смогу подумать, только поднявшись на предпоследнюю, до которой мне тоже еще далеко.

Сегодня светские израильтяне недовольны усилиями, затрачиваемыми обществом на изучение Торы. И, в общем, они правы — в самом деле, огромное количество молодых людей вместо общественно полезной деятельности заняты тем, что забивают свои головы глупостями. Для общества это, в самом деле, тяжелая ноша. Правы они и в другом: такое изучение Торы парализует внутреннюю жизнь самих студентов, останавливает, или, во всяком случае, замедляет их личностное развитие.

Но здесь есть два "но"...

Первое "но" — ситуацию можно изменить, превратив религиозное обучение из тормоза развития в его катализатор. Для этого достаточно "всего лишь" отказаться от монополии на знание истинного смысла Торы и смиренно признать свое понимание — неважно освящено ли оно авторитетом богословов прошлых веков или добыто в результате личных интеллектуальных усилий — одним из многих: не вершиной смысловой пирамиды, а одной из ступеней на одной из ее граней.

И второе "но". Нельзя забывать, что миссия еврейства — в хранении Торы. Здесь сердцевина и именно она не менее трех тысяч лет дает духовную силу для бытия всего народа. Убрать эту миссию, и еврейство кончится. Когда-нибудь это произойдет. Но сегодня для этого время еще не пришло.

В семантическом, смысловом плане текст Пятикнижия представляет собой невероятно сложную, многоярусную, иерархическую, а вместе с тем и голографическую (если использовать метафоры из современного научного лексикона) картину. Нам еще предстоит открыть для себя всю эту невероятную сложность и всю красоту замысла авторов Торы.

Поэтому мы много выиграем, если не будем объявлять свою ступень (неважно талмудическая ли это ступень, спинозовская ли это ступень, или ступень эта еще более современная, хоть бы и квантомеханическая) вершиной Пирамиды, а смиренно продолжим свой подъем.

ПОМНИ ДЕНЬ СУББОТНИЙ (2+) 6/8/2016

А зачем? В чем здесь смысл?

Ну, конечно, чтобы внести в жизнь кроме сезонного годичного и лунного месячного еще один ритм, еще одну повторяемость — недельный ритм. Но это не самое важное. Важнее обеспечить периодическое напоминание о еврейской миссии хранения Завета, Ковчега. Периодическое повторение определенных слов и совершение определенных действий — здесь инструменты хранения. Как и само припоминание о том, кто мы такие, какие мы избранные, Кем избранные и для чего избранные.

Но здесь вот какой вопрос возникает — а делает ли нас соблюдение субботы лучше, приближает ли к Богу? Вопрос не теоретический. И ответ на него не должен быть умозрительным. Давайте просто пройдемся по улицам и всмотримся в лица людей. Ортодоксов и модернистов. Ну, и конечно, остальных. Вот вечером пятницы наряженный в дорогой субботний костюм, в меховой шапке глава семьи ведет домочадцев в синагогу. Чем, каким духовным светом горят его глаза? А чем горят глаза проводящих шаббат на пляже менее ортодоксальных граждан? Можно специально часами ходить по толпе, всматриваясь в те глаза и в эти глаза. Света близости к Богу не найдете. Ну, во всяком случае, мне не посчастливилось. Ни в ультра-ортодоксальных районах, ни в совсем не ортодоксальных. Но формально всё соблюдено: что должно быть закрыто — закрыто, что должно быть зажжено — зажжено, что должно быть произнесено — произнесено.

Нормально ли это? Вообще говоря — да, нормально. Так было всегда: помня день субботний, мы сохраняли, несли через века слова и дела, символизма которых нам знать было не положено, а положено было передавать от отцов детям, а от них — их детям, пока, наконец, не явится поколение, которое символизм этот раскроет.

Но для раскрывших символизм становится ясно, что помнить день субботний только раз в неделю маловато. Совсем маловато. Потому что субботний день нужно помнить каждый день, все семь дней недели. И не только каждый день, но и каждую минуту. О нем, или точнее о Нем совсем нельзя забывать.

Только это очень трудно. Потому что что значит "не забывать"? Это значит находиться в совершенно особенном и для нас пока очень трудно достижимом состоянии души, когда мы не просто крутим в голове слова про Бога и про Его работу, а когда мы чувствуем присутствие Бога в своей душе. А это очень трудно. Потому что для этого нужно очиститься от всего не-Божественного: от всех наших человеческих мыслей, включая и мысли о Боге, от всех наших низких чувств и желаний, в общем от всего. Чтобы Бог посетил нас, нужно очистить для Него место.

Это и будет настоящим "помни день субботний". Задача как будто и простая, но на самом деле сверхсложная. Даже когда речь идет не о постоянном пребывании в этом состоянии, а о мимолетном вхождении в него. Уж больно много в нас всякого рода мусора. Который заполняет почти всю нашу душу. И который и есть почти вся наша душа.

Обряды очищения, уборки – всё это о том, как чистить душу. И всесожжения – об этом. Этим надлежало бы нам заниматься, чтобы помнить день субботний. Этим когда-нибудь мы и будем заниматься. Но не сейчас. Пока же мы День Субботний помнить не можем. Пока мы можем только приказывать себе помнить Его. И повторять символические действия. КАК БУДТО мы Его в самом деле помним.

СПРАШИВАЙТЕ-ОТВЕЧАЕМ. 1. ОТКУДА МОИСЕЙ ПРИНЕС СКРИЖАЛИ? (2+) 7/8/2016

"И сошел Господь на гору Синай, на вершину горы, и призвал Господь Моисея на вершину горы, и взошел Моисей."

Как и обещал, я буду отвечать на ваши вопросы. Вот первый: что такое гора Синай?

Вообще в истории Исхода много непонятного. Какая здесь историческая основа? Буквальная? Это вряд ли — у нас нет других свидетельств об этих событиях. А, конечно, они должны были бы быть. Ведь речь идет о времени, когда египетская история была очень прилично задокументирована, а события Исхода, во всяком случае, те, которые Исходу предшествовали, должны были бы быть слишком значимы для египтян, чтобы остаться незаписанными. Но тем не менее, какая-то историческая основа здесь может быть. Только мы пока мало знаем — какая. В основном, можем только догадываться. Например, изучая глубинные смыслы египетского и еврейского эзотеризма.

Что касается горы Хар-Синай над монастырем Святой Екатерины, то это место хотя и весьма привлекательное для туристов (я и сам его посетил в конце 98-го года), и весьма полезное для туриндустрии, но его связь с событиями Исхода более чем сомнительна. Едва ли Синай Торы имеет географический аналог. А если и имеет, то нам непросто будет узнать - какой. Впрочем, нам это и совершенно не нужно.

Но, если с историческими и географическими смыслами Исхода ситуация неясная, то со смыслами духовно-психологическими как раз всё наоборот – тут всё совершенно понятно.

Моисей много раз восходил на гору, встречался там с Богом и приносил людям то, что получил от Бога. Что это значит? Несколько лет назад, я рассказывал об этом в своем единственном видеоопыте. Речь идет о подъеме к более высоким, а для многих и сверхвысоким состояниям сознания. Именно там, на психической высоте, где собственно известная нам психика ("земля") кончается и начинается царство духа ("небо"), и происходит Встреча. Только оттуда и можно добывать знание о Воле Бога – как в отношении тебя самого, так и в отношении групп, частью которых ты являешься.

Как происходит такой подъем? Есть разные техники. Например, очень соблазнительной кажется возможность взлететь – выбросить за борт весь свой психический балласт – все мысли, чувства, желания, очиститься до Ничто – и воспарить. Плюсы этого метода – относительная быстрота и легкость. Минус – нестабильность эффекта. Дело в том, что в отличие от воздухоплавания наш балласт привязан к корзине нашего шара веревками. Эти веревки бывают длинными, что создает для шара эффект свободы: на какое-то время шар освобождается от притягивающего его к земле груза и устремляется Вверх. Но потом веревки натягиваются и возвращают наш воздушный шар назад. Такие "подпрыгивания" полезны, чтобы узнать о мире Наверху, но не позволяют остаться там надолго. Чтобы остаться надолго, на Гору нужно взойти: мы не рождены летать, эту возможность нам нужно в себе вырастить.

Как? Переплавляя наш "балласт" в лестницу для подъема. Всё своё психическое содержание: все мысли, мнения, отношения, желания – всё это нам нужно сжечь в печи осознания. И тем самым подняться над всем этим. Пережить свои мечтанья и разлюбить свои мечты. И страданья по поводу отсутствия мечтаний, утраченной свежести и половодья чувств – эти страдания нужно тоже пережить.

Дело это очень долгое. И не всегда простое психологически. Потому что переплавляя нижнее содержание своей души – низкие чувства: страх, ненависть, алчность, нижние, наивные мысли, фиксирующие поверхностные связи между вещами мира, и так далее – мы получаем очень привлекательные для себя психические феномены: мудрые мысли и высокие чувства, такие как, например, высокие эстетические переживания. Упиваясь этой красотой или изнемогая от любви, мы думаем, что уже встретили Бога. И отчасти это так и есть. Но это еще не вершина Горы, подъем еще не закончен, тропа ведет еще выше, и, отдохнув, на этом плато, мы должны двигаться дальше. Туда, где "громы и молнии, и густое облако над горою, и трубный звук весьма сильный".

Почему же Бог запретил народу и священникам восходить на Гору? Это отдельная тема, без понимания которой нельзя понять сути еврейства.

КРУГ 2.5

ЦЕНА МИРА (2.5+) 2/8/2016

Вопрос о праве Израиля на существование и праве палестинцев на сопротивление никогда не мог решаться за пределами международного юридизма или еврейского эгоцентризма. В самом деле – почему? Откуда это наше право?

Решили Лига Наций с ООН? Ну, так мало ли чего они решают? А завтра они другое решат? (А они уже и решали.) Так что мы их слушать будем? Нет, это не оправдание.

То, что наши двадцать на три раза "пра-" здесь жили? Так и это не оправдание. Мало ли где чьи "пра-" когда жили. Если на этом основании каждый начнет предъявлять права, такое начнется...

Мы не "каждые"? Мы – избранный народ? Нам эту землю сам Бог обещал? Так и это основание сомнительное. Избранные-то мы избранные. Но ДЛЯ ЧЕГО избранные? И какую сказочную землю обещал нам Бог? Эту? А достаточно ли она сказочная? Может, Он (или Они) нам что-то другое обетовал? А мы не поняли – что?

И еще менее веско звучат ссылки на Катастрофу. Конечно, мы страданиями заслужили свое государство. (Хотя не все страдальцы в истории получали свою крепость.) Но почему здесь? Логичней было бы взять землю наших убийц. Ну, если не Восточную Прусию, так Эльзас. Вот уж было бы точно по Бабелю – гористый воздух и сплошные французы.

Нет, всё это не оправдания. Или оправдания-самообольщения, что, в общем, одно и то же. И, тем не менее, оправдание есть, и оно совершенно несомненно.

Это общий закон, который мы часто видим в истории. Начиная с первой колонизации, описанной в Танах: народ, не заботящийся о своем развитии и не заботящийся о своей земле, теряет право на эту землю. Приходят другие люди и начинают хозяйничать на земле нерачительных хозяев. Делая за бывших хозяев их работу и увлекая за собой по лестнице развития души тех из них, кто по этой лестнице способен подниматься. Колонизация европейцами Америки – из самых общеизвестных примеров такого рода, но, на самом деле, таких примеров гораздо больше, и вы без труда сможете привести десятки.

Земля Палестины была в запущении, и это делало неизбежной ту или иную форму ее колонизации. Как ту или иную форму колонизации мы наблюдаем и в окрестных землях. В этом и оправдание: бич Божий обрушивается на головы лентяев и начинает делать их работу. Это закон истории. Но это не весь закон. Это только его часть.

Вторая часть состоит в том, что завоевание и репрессии нерадивых обитателей земли утяжеляют карму завоевателей и в конечном итоге оборачиваются неприятностями для самих завоевателей. Происходит это по-разному, но в случае Израиля просматривается повторение истории с первой колонизацией, описанной в Танахе. Пассионарность завоевателей через несколько поколений уменьшается, в то время как неутоленная ненависть потомков завоеванных постепенно только растет. И со временем чаша военной силы склоняется на их сторону. Собственно говоря, начало этого процесса мы видим уже сегодня.

Почему так происходит? И можно ли этих неприятных последствий избежать? Да. Но сначала – о "почему". Дело в том, что на плечи колонизаторов ложится ответственность не только за неухоженную землю, но и за ее обитателей. Им нужно благоустроить не только первое, но и вторых. Иначе говоря, им нужно позаботиться о том, чтобы поднять отставших в развитии аборигенов до своего уровня. Если они это делают, то используя восточную терминологию, их карма очищается. Если нет, то, используя ту же терминологию, кармический узел покорителей будет развязываться другим способом.

Иными словами, покорителям нужно стать для покоренных заботливыми старшими братьями и своей любовью вызвать любовь тех, кто по своему статусу лишившихся своей земли обречен их ненавидеть. Именно это мы и наблюдаем в той или иной степени во многих случаях добрых отношений между колонизаторами и коренными жителями колоний: испанцами и индейцами, англичанами и гражданами Содружества и так далее.

Вот такая цена мира. Дешевле не получится. Способен ли Израиль уплатить такую цену? Есть ли у него для этого душевный капитал, капитал любви? Не знаю... Многое говорит за то, что нет. Многое – за то, что есть...

Что это означает практически? Капитуляцию? Сюсюкание? Либеральничанье? Нет, конечно. Здесь понадобится сила. И порой –

жесткая сила. Но эта сила не должна быть злой. Эта сила должна быть любящей. Какой только и бывает сила родителей раздраженного ребенка.

Конкретные политические шаги могут быть очень разными — в зависимости от обстоятельств. И здесь нельзя дать общего рецепта: только воевать или только переговариваться, только сегрегировать или только ассимилировать... В какой-то момент акцент нужно делать на одном, а какой-то - на другом. Когда-то нужно быть голубем, когда-то - ястребом. Всё как в семье, где добрый попа порой превращается в злого папу. Разговор здесь не о конкретной политике, а о ее СМЫСЛЕ.

Так вот, СМЫСЛ политики, силовой или договаривающейся — неважно, должен быть иным: не только благоустройство земли, но и благоустройство людей, на этой земле живущих. И живущих рядом с этой землей. Не стремление выиграть, оставив противника в проигрыше, а стремление выиграть вместе с противником, превратив противника в партнера. То, что называют стратегией win-win.

ИЗРАИЛЬ И ХРИСТИАНСТВО (2.5+) 20/8/2016

Товарищ далекой молодости заботливо предупредил меня: "Осторожно, тебя обвинят в проповеди христианства". Это – прочитав статью "Цена мира", в которой я пишу, что пока мы палестинцев не полюбим, приблизиться к миру мы не сможем.

Предложение полюбить звучит и в самом деле абсурдно, особенно, когда воспринимается в политическом ключе – все завоевания уступить и вообще сдаться. Естественно, речь не об этом. Если Вы любите ребенка, то не вовсе не обязательно закармливаете его шоколадом и, вообще, делаете что ему заблагорасудится. Вы можете быть и весьма суровым родителем. Но если ребенок знает, что вы его любите, суровость вам простится. Так что разговор здесь не о политике вовсе – разговор об отношении, о самовосприятии и самопонимании, об осмыслении происходящего. Что касается практических выводов и политических решений, то из такой смены отношения политические решения могут следовать самые разные – от ястребиных до голубиных.

Но я сейчас хочу сказать о другом. Неприязнь евреев к христианству более, чем понятна: уж больно много нам пришлось натерпеться. И вообще говоря – совершенно незаслуженно: христианство выросло исключительно в еврейской среде, выросло из иудаизма, и, если и пришлись на долю первых христиан какие-то неприятности от единоверцев, то ведь иначе в то время и быть не могло: от самих христиан христиане натерпелись за две тысячи лет куда больше. Так что в антисемитизме христиан рацио никак не просматривается. (Там иные причины.) А вот неприязнь евреев имеет под собой более чем понятные основания: бесконечные погромы со стороны приверженцев религии любви, увенчавшиеся мега-погромом Катастрофы-Холокоста. Так что с этой неприязнью вопросов нет.

Вопрос в другом: одно дело неприязнь к людям- адептам религии, другое – неприязнь к самой религии, к ее "теоретическим корням". С чем она связана? Христианофобы полагают, что ее причина в противоречии христианства с Торой. Причем – в противоречии не практики, а теории христианства. И не такой, как она понимается адептами христианства, а сущностной – такой, какая она есть в евангелиях. В смысле, Тора учит одному, евангелия – другому. И потому, следуя евангелиям, ты не можешь следовать Торе, и наоборот.

Такое мнение обосновано, если мы говорим о расхожих, общепринятых или просто распространенных ИНТЕРПРЕТАЦИЯХ Пятикнижия Моисея и ИНТЕРПРЕТАЦИЯХ евангельского Четырехкнижия. Распространенные интерпретации в самом деле разняться. Но в сущностном, в глубинном смысловом слое эти тексты тождественны. Христианство родилось как попытка по-новому прочитать Тору. Точно так же – как и ислам. По сути, евангелия – расшифровка того, что значит "Бог сотворил человека", и исследование вопроса о том, закончена ли эта работа Бога. А кроме того, евангельские тексты раскрывают изменчивость Закона Моисея: что Закон меняется по мере сотворения человека и требуют постоянного нового и нового прочтения. Об этом, впрочем, евреи догадывались и до того, кто вошел в историю под именем Иисуса (Иешуа) основатель христианства. Иначе не было бы других бесчисленных комментариев на Тору.

Но здесь вот что интересно и что делает вопрос о связи Израиля с христианством отнюдь не отвлеченно богословским. Дело в том, что христианством было создано несколько культур, из которых самые известные – две европейских (обычно принимаемые нами за одну): католическая и современная: прагматико-гуманистическая. Так вот, культура Израиля создавалась преимущественно людьми европейской (то есть христианской) культуры, хотя, естественно, и не христианами. ИДЕЙНЫЙ вклад людей более старой исламской культуры (сефардов, которые, естественно, не мусульмане, но в культурном отношении люди исламского мира) в архитектонике государства Израиль несопоставимо меньше. А это значит, что с точностью до тонкостей и мелочей Израиль – европейское государство, флагман европейской культуры на Ближнем Востоке, и именно этим его европейским миссионерством и культурным лидерством оправдывается колонизация Палестины. Более того, Израиль - европейское государство в гораздо большей степени, чем еврейское, потому что сама сионистская идеология построения государства, свободного от позорных лет рассеяния, на базе нового разговорного языка, который хотя и древний, но разговорным никогда не был, обрекала еврейскую культуру - культуру идиш - на уничтожение.

И вот здесь заложен конфликт, который чреват со временем превратиться в бомбу: конфликт между израильтянами-европейцами, то есть атеистами-наследниками христиан, и религиозными израильтянами, тяготеющими к буквальному прочтению Торы и жизни под руководством Талмуда. Причем, это не обязательно, конфликт между разными группами, часто это конфликт в душе одного человека. По своему воспитанию, по происхождению он - европеец, и в этом смысле христианин. Ему стыдно убивать, захватничать, рвачествовать... Он не очень эгоистичен и вполне интернационалист, расизм ему тоже чужд. То есть он в полном смысле современный человек Запада, в меру эгоистично-прагматичный, но вместе с тем, в меру же добрый и отзывчивый. По сути же, он — некрещенный христианин. Для уменьшения внутреннего конфликта ему естественней считать себя атеистом. Но европейский атеизм сам является прямым продолжением европейского христианства. Это форма антиклерикализма, форма протеста против инфантильных и архаичных представлений о Боге, но, естественно, не отрицание самой идеи Бога как таковой: а-теисз не анти-теизм .

Осознание этого конфликта могло бы активизировать работу общественного самоосознания и снять табу со многих псевдо-запретов, которые мы накладываем сами на себя. И прежде всего – с запрета любить врагов. Не надо, естественно, понимать буквально "подставь другую щеку". Это даже не идеал – просто метафора, необходимая для усиления смысла проповеди. Но еще менее буквально нужно понимать "зуб за зуб". Смысл здесь не в приказе мстить, а в запрете мстить несоразмерно (выбивать два зуба выбившему один). А кроме того, запрет этот был адресован людям, жившим 3000 лет назад, которые по сравнению с нами были совсем дикарями.

Закончу повторением уже сказанного: любовь не слабость и не потакание. Любовь может быть насилием. (Да и есть всегда, во всяком случае, если мы говорим о любви родителей к детям.) Но огромна разница между насилием-любовью и насилием-ненавистью.

КРУГ 3

БЕЗДОННОСТЬ ТОРЫ (3+) 4/8/2016

Собственно, я не собираюсь сказать ничего нового. Тора бездонна своими смыслами. Каждое место, каждый пассаж имеет множество смыслов – буквально-поверхностных, исторических, научных, юридических, метафорических, эзотерических... Сама по себе форма книги, сефер-торы – свиток – символизирует такую многослойность.

В известной экранизации "Тевье-молочника" есть такой эпизод. Студент-революционер Перчик обучает дочерей Тевье Священному писанию и рассказывает о том, как Иаков работал за Рахиль сначала семь лет, а потом еще семь: "Что из этого следует, дети? Что наемный работник не должен верить работодателю". Шутка? Шутка-то шутка. Но с большим смыслом.

Вообще-то идея смысловой многослойности не нова: комментаторы давно говорят про сад ПаРДеС: пшат (פְּשָׁט), ремез (רֶמֶז), драш (דְּרָשׁ) и сод (סוֹד).

Несколько лет назад, написав за месяц довольно объемный комментарий на евангелие от Матфея, я попробовал начать писать аналогичный комментарий на Тору. Провозившись несколько дней с первой главой первой книги, я набросал текст "Шестиднева", но на этом работа и закончилась: огромный объем того, что предстояло, и отсутствие читателей, готовых к чтению подобных текстов, сделали замысел бессмысленным. Но иллюстрацией семантической многослойности Торы мой короткий "Шестиднев" служить может.

Почему я говорю об отсутствии читателей? Потому что, хотя многие люди догадываются о существовании скрытых смыслов Торы и даже пытаются добраться до них математическими методами, понимание, что смысл не один, пусть даже потаенный и истинный, а что смыслов много и что, простите за тавтологию, в некотором смысле разные смыслы равноправны, встречается редко. А еще реже, еще раз простите за другую тавтологию – понимание, что мое, существующее у меня в данный момент понимание данного фрагмента не безусловно правильно, не единственно, что оно соответсвует моему сегодняшнему уровню развития, что оно может углубляться и должно углубляться по мере моего развития – такое понимание встречается чрезвычайно редко. Даже когда мы готовы признать многосмысленность Торы и даже бездонность ее смыслов, мы крайне редко способны понимать свое неумение достичь ее смыслового дна. Нам кажется, что мы всё понимаем. А это совсем не так. Всего мы не только не понимаем, но, возможно, с нашим мыслительным аппаратом и не можем понять. Но что там – "всего". Мы и сравнительно простых вещей не понимаем.

Вот недавно у меня состоялся такой разговор о "когда будешь садиться вне стана... зарой испражнение твое". О чем это? Ведь и стана давно нет, и туалеты наши устроены совсем иначе. Собеседник мой, будучи вполне ортодоксальным, определил смысл закона лапидарно, хотя и грубовато – "Не ср... на улице". Такой смысловой слой он открыл для себя. Правильно? Правильно, конечно.

Но весь ли это смысл? А мусорить на улицах можно? Или это тоже против закона? Вот я тут недавно гулял по Шмуль Ханави и Меа Шеарим в Иерусалиме. Сколько мусора на улице! И уж совсем вишенкой на торте – хозяйка, моющая балкон, а вода с этого балкона льется на головы прохожим. И прохожие сверхортодоксальные, и хозяйка. Но все воспринимают происходящее как должное. Нет, конечно, все они читали Деварим. Каждый год читают. И наизусть повторить могут. Только смысл в словах этих видят самый поверхностный. Впрочем, справедливости ради, в каббалистическом Цфате, охотящемся за самыми тайными смыслами, не многим чище.

А ведь "не мусорить на улице" – это тоже не самый глубокий смысл. Есть же еще и "астральный мусор" – крики, ругань, исторжение всякого рода внутренних нечистот "внутри стана". Об этом и говорить нечего. Откройте любую газету, посмотрите любые парламентские слушанья. Вот уж где никто ничего не стесняется и никто ничего не закапывает. И думать не думает, что ему кроме оружия нужна еще и лопатка. И ультра-ортодоксы в этом отношении не лучше ни модернистов, ни атеистов. А, если судить по чистоте на улицах, то, может быть, и хуже.

Это примеры простейшие: мы повторяем текст, но смыслы улавливаем только самые поверхностные. Правда, иногда мы пытаемся поймать и что-то поглубже, но чаще всего эти попытки кончаются безудержным фантазированием, для которого Тора дает бесконечный материал. Особенно, когда она дополнена нумерологией.

Реально же путь к пониманию скрытых смыслов есть только один — внутреннее развитие, обретение того внутреннего опыта, которые один только и может дать знание тех тонких реалий, а которых написано в Торе. Написано-то оно написано. Но не прочитано. И не может быть прочитано без ключа — без внутреннего опыта.

Это плохая новость. Хороших две. Первая — этот ключ-опыт достижим. И может быть обретен даже относительно быстро (хотя "быстро" здесь — это все равно годы и десятилетия). Вторая хорошая новость — что человечество в ходе своей истории умнеет и скрытые от него ранее смыслы становятся ему доступными.

В еврейской истории мы видим две дороги такого углубления понимания. Первая — от Торы к Танах. Вторая — от Торы к Талмуду. Впрочем, эти если кто-то считает эти две дороги одной, это для нашей темы не так и важно. Важно, что по мере разворачивания свитка торы, исходный текст обрастает комметариями, соответствующими способностям понимания современников комментатора. Псалмы, пророки — всё это такие комментарии.

А дальше возникают два почти риторических вопроса. Вопрос первый — только ли евреи могут комментировать Тору? И второй — написан ли уже последний, самый исчерпывающий комментарий? Ответы самоочевидны — конечно, не только, и, конечно, не только не написан, но едва ли и может быть написан. Люди растут. Растут и их знания, и их способность понимать. И мы сегодня не можем написать исчерпывающий комментарий для людей, которые будут жить даже через несколько сотен лет. Вот тот же "Шестислов". Грек Василий Великий написал прекрасный комментарий на первую главу Торы. Прекрасный для своего времени — более полутора тысяч лет назад. Для нашего же времени его "Шестислов" кажется наивным. Так же наивным будет казаться и мой. И думаю — гораздо быстрее, чем через полтора тысячелетия.

Что это означает на практике?

Первое — то, что мы не должны монополизировать и абсолютизировать. Монополизировать (приватизировать) ни Бога, ни нашего права понимать его. Это общечеловеческое занятие — как написано на одной шумерской табличке, распутывать слова Бога.

И второе - мы можем много выиграть, если увидим историю, по крайней мере, историю нашей части мира, как разворачивание свитка Торы. То есть - как рост нашего понимания смыслов Торы, сопровождаемый нашими всё более совершенными попытками жить в соответствии с теми законами Торы, к пониманию которых мы сегодня уже готовы.

ЧТО НАМ БЫЛО ОБЕТОВАНО? (3+) 5/8/2016

"...И дам тебе и потомкам твоим после тебя землю, по которой ты странствуешь, всю землю Ханаанскую, во владение вечное".

О чем это? Что это за земля? Палестина? Да, и Палестина, конечно. Но не только. Ведь перед этим сказано – ты будешь отцом множества народов, множество народов произведу от тебя и буду Богом для этих народов. Такое множество не уместится на узкой полоске земли Палестины. Значит, речь о чем-то другом. О чем?

А мы ведь это знаем. Мы знаем, насколько многочисленны народы авраамических религий – более половины человечества. И заселяют они всю Землю за исключением юга и востока Азии. Нет, "земля Ханаанская" – понятие не только географическое. И не столько.

Что же это за земля, в которую Бог обещает Моисею привести свой народ, выведя его из земли рабства? Земля, в которой течет молоко и мед? Где в Израиле есть молочные реки? Где медовые ручьи в Ливане? Да, и зачем было обещать Аврааму землю, в которой он и так жил?

Земля Обетованная – понятие не столько пространственное, сколько временнОе. Это земля, которая находится не "где-то", а "когда-то", будущая земля. Будущее устройство Земли. Поэтому-то она и не могла достаться Аврааму. Только его потомкам.

Но насколько отдаленным потомкам? Мы сами – уже настолько отдаленные? Это легко проверить.

По молочно-медовости наших рек. Не слишком они молочны. Всё так же питаемся мы от земли со скорбью и в поте лица. И по-прежнему не медом сочится наша земля, а производит она для нас терния и волчцы.

Нет, понятно, что земля нам хотя и обетована, но пока не дана. И более того, понятно, что сделать эту новую землю нам предстоит самим.

Идея не новая. Люди мечтают об этом давно. И порой пытаются мечту воплотить. Чтобы жить, как боги. Правда, обычно дело кончалось синяками.

Первой попыткой такого рода было строительство Вавилонской башни – лестницы для восхождения на Небо и превращение людей в богов. Не получилось – строители не нашли общего языка. Последняя попытка со строительством коммунизма вышла еще хуже.

Но вместе с тем на фоне всех неудач обретение Земли Обетованной, возвращение блудного сына происходит всю человеческую историю. Правда, до меда и молока пока далеко, но земля становится всё благоустроенней и, главное, все богоподобней становятся ее обитатели. Хотя от образа, по которому мы были созданы, нам все еще далеко.

Можно ли этот процесс оБожения – земли и человека – ускорить? Да, конечно. Просто для этого надо перейти от его естественного течения (делается то, что делается) к осознанному благоустройству. Наш плот и так несет течением к Цели. Но если поставить на плот вёсла, дело пойдет веселее.

Как это сделать? Прежде всего, необходимо договориться о главном приоритете. О развитии. О развитии каждого человека. И богатство, и безопасность очень важны. Но это не терминальные ценности общественной жизни. Это инструменты совершенствования жизни. А терминальная ценность – развитие, самореализация, духовный рост. То, что приближает человека к Богу.

Что это означает на практике? Внимание не столько к экономике и технологии, но в неменьшей степени к наукие, и искусствау и образованию. Причем - к такому, которое не вытачивает из человека шестеренку общественного механизма, а помогает распуститься цветку его души (простите за поэтику стиля). Это означает и переосмысление религиозных практик: не отказ от религии, а понимание смысла религиозных слов и действий, и что еще важнее – смысла религии как таковой. Смысл иудаизма не вполне тот же, что у его порождений – христианства и ислама. Но в некотором смысле и тот же – приближение человека к Богу, оБожение.

Что еще это означает на практике? Социализацию распределения. Общество должно избегать роскоши с тем, чтобы иметь возможность предоставлять каждому человеку материальные ресурсы, необходимые лично ему для лично его личностного развития. Механизмы такого распределения сегодня неизвестны. Их нужно еще создать. Это не коммунистическая уравниловка – всем поровну. И не коммунистическая утопия – каждому по потребностям. Это – каждому по разумным потребностям его развития. Довольно-таки далеко от идеалов дикого капитализма – каждому сколько каждый сумел урвать от общественного пирога (варианты – сколько сумел заработать, "каждому по способностям").

А еще это означает приведение объема общественных полномочий в соответствие с состоянием личностного (духовного) развития обладателя этих полномочий. Проще говоря, обществом должны управлять самые умные, самые добрые и самые совестливые – самые Богоподобные - люди.

Утопия? Не совсем. Элементы всего этого уже есть в современной жизни. Проблема здесь не в насаждении чего-то принципиально нового, а в совершенствании того, что уже имеется. Совершенствование же это предполагает более полное осознание того, что есть уже, и того, в какую сторону направлен исторический прогресс.

Посильно ли это нам сегодня? Увидим. Но в любом случае, если сегодня это и окажется непосильным, посильным оно станет завтра. У человечества просто нет иного выхода — творческая энергия предыдущего скачка по пирамиде исторического прогресса за пятьсот лет почти исчерпалась. Перед нами сегодня новые вызовы. И это значит, что нам надо искать новые пути.

ТРЕТИЙ ХРАМ (3+) 9/8/2016

У Марка: "*Некоторые, встав, лжесвидетельствовали против Него и говорили: мы слышали, как Он говорил: Я разрушу храм сей рукотворенный, и через три дня воздвигну другой, нерукотворенный.*"

У Иоанна: "*Каким знамением докажешь Ты нам, что [имеешь] [власть] так поступать? Иисус сказал им в ответ: разрушьте храм сей, и Я в три дня воздвигну его. На это сказали Иудеи: сей храм строился сорок шесть лет, и Ты в три дня воздвигнешь его? А Он говорил о храме тела Своего.*"

Но мы современные люди – мы не верим тому, кто там и что говорил. Особенно – две тысячи лет назад. Да, и зачем верить? Мы же можем посмотреть, что было.

Итак, кем был Иисус? По традиции я буду называть героя, описываемого евангелистами, этим именем. В том, что он был, убеждает то, что евангелисты, даже Иоанн, не до конца понимали слова, которые они пересказывали. Как ученик, запомнивший доказательство теоремы, но не понявший его: пересказать, повторить слова может, а объяснить – далеко не всё. В этом – главное и единственное доказательство историчности Иисуса (как бы его ни звали на самом деле): раз были ученики, то должен был быть и учитель.

Так кем же он был? А был он великим интерпретатором, толкователем Торы. О чем и сам говорил: "*Не думайте, что Я пришел нарушить закон или пророков: не нарушить пришел Я, но исполнить. Ибо истинно говорю вам: доколе не прейдет небо и земля, ни одна иота или ни одна черта не прейдет из закона, пока не исполнится все*". То, что он сделал – это извлек из Торы смыслы, соразмерные современным ему людям, которые для более ранних людей были недоступны (естественно, кроме Посвященных: Моисея, Давида, пророков...). Понятно, что в пересказе Тора зазвучала по-другому. Но это была всё та же Тора, всё те же идеи.

Что стало результатом этой работы? Ну, окончательного результата мы еще не видим, так как работа не закончена. Но кое-что и ох, как немало сделано уже. Результатом выросшего из иудаизма христианства стал, практически, весь современный мир. Во всяком случае – вся его цивилизованная часть. Со всеми филосоиями, науками, искусствами, технологиями, экономиками, медицинами и так далее и тому подобное. Всё это побеги и плоды той ветви Торы, которую начал пестовать Иисус.

Второй храм был обречен разрушению. Как и первый. Бог не человек, и в доме из камней не живет. Бог живет в мире. И построить для Бога храм – это построить мир. Начиная, естественно, с постройки новой души человека.

Еще раз – ни то (мира), ни другое (души) строительство не завершено. Но построено много. Не мало. И это построенное за две тысячи лет, естественно, надо видеть. Это и есть Третий храм.

Пятый храм вырастет из Третьего, как бы венчая Третий. Его строительство начато уже. В основе – те же скрытые смыслы Торы. И скрытые смыслы "Иисусова комментария", благой вести, нового завета, который "всего лишь" раскрывает смысл старого. Смыслы, скрытые от современников Иисуса, но доступные нашему пониманию. Здесь чертежи Пятого храма. А если есть чертежи, то найдутся и строители.

Что за идею извлек Иисус из Торы? Идею оБожения. Человека. А через человека – и мира. Эту работу – работу СОЗНАТЕЛЬНОГО оБожения он и начал. Она и идет уже 2000 лет, развивая человека и осознаваясь в той мере, в какой люди способны ее осознать.

Сегодня мы подошли к черте, когда наши способности понимать выросли по сравнению со способностью наших предков. (В среднем, конечно, в среднем: среди предков были и такие, до кого нам расти и расти – те же Посвященные...) Поэтому мы способны делать работу по строительству Храма более осознанно. Сегодня мы можем понимать, что вся человеческая история – это история развития человека, развития его души, становления человека более умным, более тонким, более добрым... И сегодня мы можем понимать, что, делая эту работу осознанно, мы будем делать ее более эффективно. И быстрее станем, действительно, Божьим народом.

Так над Третьим Храмом вырастет Пятый.

А где же Четвертый? Об этом в другой раз.

ЧЕТВЕРТЫЙ ХРАМ. ПРОДОЛЖЕНИЕ ТЕМЫ. "КОЩУНСТВЕННОЕ" (3+) 15/8/2016

Предисловие. *Сейчас я уже вполне ясно понимаю, что среди постов моего блога у этого меньше всех шансов быть услышанным. И, более того, при сколько-нибудь серьезном к нему отношении (хотя это ему и не грозит) он был воспринят как неслыханное кощунство. Но, так как замысел блога эволюционирует по мере его написания, а текст этот уже написан, я оставляю его.*

На заре каждой большой цивилизации люди создают великие произведения, как бы символизирующие собой будущую цивилизацию: посмотришь (прочитаешь) такое произведение и понимаешь, о чем эта цивилизация. Иногда таких произведений оказывается несколько – в разных жанрах. Это как бы исходные точки цивилизации. Хотя некоторые из таких исходных точек являются исходными сразу для нескольких цивилизаций (такие наборы цивилизаций можно назвать "эрами"). Например, Сфинкс в Гизе стал исходной точкой и цивилизации Египта, и цивилизаций "эры Египта". Тора – общей исходной точкой авраамических цивилизаций. Поэмы Гомера и афинский Парфенон – исходными точками античности. Исходной точкой первой христианской цивилизации стали кроме евангельских текстов еще и формально до-христианский, но уже предугадавший и провозгласивший приход нового мира Пантеон в Риме. Исходной точкой второй, католической христианской цивилизации – первой, католической Европы, стал парижский Нотр-Дам. А исходной точкой второй, гуманистическо-прагматической, изнутри известной нам, нашей Европы – взлеты Возрождения: "Джоконда", "Сикстинская Мадонна" и, может быть, что-то еще...

Исходной точкой исламской цивилизации, а это была точно такая же великая цивилизация, как и те, которые я назвал, был, конечно, Коран. Но не только. Купол Скалы – такая же исходная точка. Это – создание человеческого гения, поднявшегося туда, где происходит Встреча человека с Богом, высочайшее произведение искусства.

Я не стану сейчас вдаваться в искусствоведческий анализ и показывать, почему это не "перепев" византийской архитектуры, а явление совершенно новое. Хотя для этого и не нужно особенно глубокого анализа: византийская архитектура "интерьерна", ее красота открывается, когда ты внутри. Тот же римский Пантеон или константинопольская София снаружи невзрачны, взлет происходит только внутри. Купол же отрывает тебя от земли, когда ты просто смотришь на него с небольшого расстояния. Как это делает, например, и Парфенон. Это экстерьерная архитектура (такая же, к слову сказать, как и у шедевров русской церковной архитектуры).

Но дело не в этом — новое или продолжение старого — дело в том, что это высочайшее произведение искусства. Вполне заслуживающее — опустите приготовленные камни — считаться храмом Бога. Оно и есть храм.

Истина для нас не самая приятная. Мы не смогли сохранить ни первый, ни второй Храм. Почему? В отношении первого, Танах отвечает на все вопросы. Не так выполняли Закон. В отношении второго, причина понята меньше, хотя это — та же самая причина: непонимание того, в чем Закон Торы, и оттого неправильное его исполнение. Конечно, мы хотели как лучше. Но хотеть мало — надо еще понимать. Понимать и притчевый характер многого, о чем говорит Тора, и небуквальный смысл многих ее требований. Не получилось. Почему — это разговор долгий, особый разговор... Я еще буду к нему не раз возвращаться.

Но сам по себе факт очевиден — не сберегли... Не сберегли свои храмы... А свято место пусто не бывает. В данном случае — буквально так.

Мы, не только евреи, но и европейцы вообще, плохо понимаем характер ислама. И не только не понимаем, но и не хотим понимать. В некотором смысле, это объяснимо исламским террором. Хотя причина не только в этом: европейское видение истории формировалось еще у очень инфантильной и потому эгоцентричной Европы: европейцы хотели быть в центре мира, а не европейцев вытеснить на переферию; так были вытеснены из мировой истории и Китай, и Индия, и Египет, и Персия, и, естественно, ислам - начали греки, продолжили римляне, закончила Европа. Естественно, это искаженная картина.

Реальность же такова, что увидев, во что превратилось современное ему христианство, Мухаммед продолжил работу того, кого мы называем Иисусом, — чтение Торы, раскрытие ее скрытых смыслов. Так и появился Коран — пересказ Торы для людей 7-го века — прежде всего, арабов, но не только. Пересказ в той форме, в какой люди 7-го века могли понять, и с ударением на тех смыслах, которые были им доступны.

И возникла великая религия-цивилизация. Это сегодня она стара и уродлива. Но она знавала и лучшие времена. И сделала для развития человечества очень много: уж позвольте мне не утомлять вас перечислением имен. Великая цивилизация. Хотя нам и неприятно это признавать – ведь нам так хочется думать, что Бог – только наш Бог...

И совершенно естественно, что на месте разрушенного Второго храма молодая религия решила построить новый Храм. Если считать неархитектурный (хотя и вполне рукотворный) христианский храм третьим (я уже говорил об этом), то Купол Скалы стал четвертым. На сей раз вполне архитектурным шедевром. И вполне Храмом – в смысле обители Бога, месте, где Бог встречает человека.

Я знаю, как много наших сердец горят ревностью – очистить Храмовую гору от ненаших построек и возвести там наш храм нашему Богу. Но, не говоря о том, что это было бы величайшим варварством, бОльшим варварством, чем, например, уничтожение талибаном статуй Будды, это бессмысленно в принципе: Храм, который нам нужно построить, нужно строить не из камня. Наш Пятый храм – это новая жизнь нового человека. Нового человека, видящего темную сторону своей души и планомерно эту темную сторону осветляющего. И нового общества, которое нацелено на то, чтобы всячески помогать человеку в этой его работе.

А Храмовая гора? Я вот думаю, хотел бы я видеть там культовые здания многих конфессий – этакий парк церквей, вроде того, что устроено в христианской церкви Гроба Господня? И понимаю – нет, и этого бы я не хотел. Храм, который должен быть в этом месте, не должен быть храмом многих церквей, разделенных в своих младенческих претензиях на монопольное обладание Богом. Он должен быть храмом одного, выросшего человечества – совместно устремленного Ввысь. А не многих народов, дерущихся за право быть любимым ребенком общего отца.

И еще я думаю, что для этого не надо строить ничего нового. Когда-нибудь дети или внуки нынешних мусульман поймут, что в построенном их предками храме не только Мухаммед мог возноситься к Богу, но могут возноситься к Богу и они сами, и другие люди тоже могут возноситься к Богу. Когда-нибудь наши дети или внуки поймут, что нет ничего зазорного и обидного в том, чтобы усиливать свою духовную работу в стенах здания, построенного "ненашими", просто потому что "ненаших" нет вовсе, все мы – наши, все – одно человечество. Тогда из под Купола начнет подниматься к Богу в самом деле приятное ему благоухание – самое тонкое, самое высокое, что есть в наших душах.

А все остальное – грубое и низкое: наша злоба, наши страхи, наша алчность и наша глупость – будет сжигаться на огне жертвенника нашей души.

ПОСЛЕСЛОВИЕ
ALL WE NEED IS LOVE. ЗАПЯТАЯ (1+) 25/8/2016

Я ставлю запятую. Проекту явно нужно изменить форму: Возможно, это будут ответы на ваши вопросы. Или журнал о любви. Или что0то еще — пока не знаю.

Четыре недели я чувствую себя Иваном-царевичем-дураком, который прискакал на Сивке-Бурке, вещем Каурке к огромной пещере и кричит-надрывается: "Выходи, Чудо-Юдище, на смертный бой!", а в ответ слышит: "Ну, на смертный, так на смертный. А зачем же в ж... кричать?".

Всё просто и сложно.

Просто, потому что ключ ко ВСЕМ проблемам Израиля — внутренним и внешним — очень прост. Это любовь.

А сложно потому, что среди нашего такого умного народа понять эту простую вещь в сколько-нибудь полной форме не удается никому. То есть, кажется, совсем НИКОМУ.

Четыре недели я пытался сбросить с этого, не такого уж высокого уступа веревки, по которым можно на него подняться. Я обращался к своим старым знакомым (а они все - очень умные люди) и к новым знакомым (они тоже очень умные люди), к светским и религиозным, к каббалистам из традиционных школ и каббалистам из новых школ, в традиционные СМИ и в новые СМИ... И слышал в ответ только молчание. Вежливое (что само по себе, конечно, очень приятно), но молчание (что приятно меньше). Веревки болтаются нетронутыми. Возможно, кто-то принял их за рыболовную снасть. Впрочем, возможно, он был не так уж неправ.

Значит, такова сегодня зона ближайшего развития израильского общества, что мои веревки слишком коротки и не достают до нее.

Что делать? Пока я заворачиваю этот свой подарок Израилю в бумагу — превращаю блог в книгу. Может, в такой форме он кому-то пригодится, сейчас или позже.

А потом, нужно будет искать другие способы донести граду и миру не такую уж хитрую мысль, что всё, что нам нужно, — это любовь.

Что это будут за способы? Увидим...

ПРИЛОЖЕНИЯ

ПРИЛОЖЕНИЕ 1

Из книги "Свет Жизни. История человечества в психосфере Земли" (2006)

Глава 10. Книга

Многозначность

Самый удивительный Световод Центрального мира – Книга. Мы Ее вроде бы и знаем, и в то же время совсем не знаем. Мы не замечаем ни что Книга нами не дочитана, ни тем более что Она не дописана. И конечно, не понимаем, что Она живая и живет нами, так же как и мы – Ею. История того, как Книга писалась и дописывалась, понималась и исполнялась, – это наша история, история Центрального мира.

Многозначно в Книге *все*. Например, Ханаан, Земля обетованная. Это территория Палестины. Но это и та Преображенная, оБоженная Земля – Божий сад, – какой ей надлежит стать в результате всей Истории. Эта Земля нам пока только обетована, но мы туда еще не пришли.

Божий народ. На первый взгляд это евреи. Но есть и более глубокий смысл – Книга рассказывает о том, как История делает из «просто людей» Божий народ.

Бог. Еще одна гигантская загадка. То Его называют Богом, то Ангелом Божьим. То Его нельзя увидеть, не умерев, то, оказывается, можно. Авраам принимает Бога в гостях, угощает, провожает в дорогу и беседует (даже почти спорит) о судьбе Содома и Гоморры. А во времена Моисея Бог появляется то пламенем куста, то облаком, а человеку (даже Моисею) нельзя увидеть Его лицо. Если Бог – это творец мира, то почему казни египетские, уничтожение египетской армии или обеспечение евреев пищей и водой приводятся как доказательства Его могущества? Если Моисей силой Бога творил чудеса перед фараоном, то чьей силой творили такие же чудеса египетские волхвы? В каких отношениях находится Бог с другими богами, которым евреи не должны поклоняться? Кто они? Слуги Бога? Соперники? Или младшие братья? И разве Бог – Бог только евреев? А кто же Бог, скажем, египтян? Богу приписывают множество совсем не-Божеских черт. Чего стоит один только разговор с Моисеем! После истории с золотым тельцом Бог говорит, что истребит евреев и создаст из потомков Моисея народ получше. Моисей возражает (Кому?!) – дескать, не делай этого, чтобы не сказали, что Он специально вывел их из Египта только для того, чтобы погубить в пустыне. И Бог соглашается. Грубо говоря, Моисей берет Бога «на слабо». Что можно представить, с одной стороны, нелепей, а с другой – кощунственней?! Все эти «загадки» нельзя отгадать, если не знать, что речь все время идет о разном, что это Имя – собирательное и относится к разным Существам – едва ли не ко всему Верху Иерархии: и к тому Богу, который в евангелиях будет назван Отцом, и к Творцу Вселенной, о котором говорится в первых стихах Книги Бытия, и к Создателю Земли (и человека), и в том числе к Богу еврейского народа. Такой могла бы быть солдатская байка про Генерала, где образ Генерала создан на основе деяний разных реальных начальников – от майора до маршала. Только человек, знающий всех «генералов», из которых слеплен образ Генерала, понимает, откуда и что взялось в байке.

О многозначности Книги особенно громко кричат ее «несуразности». Например, зачем так много чисел и почему эти числа такие странные? Что стоит за долголетием первых людей? Или откуда взялись 600 тысяч взрослых мужчин и, значит, минимум 2 миллиона всего народа, вышедшего из Египта? Моисей и Аарон – правнуки Левия и, соответственно, праправнуки Иакова. Семья Иакова, пришедшая в Египет, состояла из 70 мужчин. Как за три поколения она выросла почти в 10000 раз? С другой стороны, за 430 лет, которые евреи провели в Египте, должно было смениться не три, а минимум десять поколений. И такие «нелепицы» даже не на каждой странице – чуть ли не в каждом стихе. Как эти два миллиона располагались станом во время своих странствий по пустыне? Это должен был бы быть огромный блуждающий город – гораздо больше, чем Рим в период своего расцвета. А зачем так подробно описывать устройство скинии, ковчега, жертвенника, одежд священников и т.д.? И эти повторы одного и того же по многу раз... Что это, недосмотр составителей Книги? Об этом и думать нелепо. Книгу писали не двоечники. И тогда остается единственное объяснение – скрытый код, тайнопись.

«Несуразности» просто указывают на тайнопись. Пусть, например, я хочу передать потомкам особый рецепт приготовления кофе. Рецепт же состоит в том, что на одну ложку кофе нужно положить семь ложек сахара. Если я напишу о танце, в котором негр танцует с семью белыми партнершами, это привлечет меньше внимания, чем если я напишу о карлике негре, танцующем с белой великаншей, которая выше его в семь раз.

О цифровом коде Книги сейчас пишут много. Это модная тема. Но доступ к тайнам Библии открывает не искусство дешифровщика. Только дорастая до того или иного понимания, человек «вдруг» обнаруживает, что дни творения – это не дни, а миллионы лет, что первые люди – это не люди, а человеческие расы, а потоп – это просто последняя из мировых катастроф. И тогда его не смущает больше, что светила созданы после света, а когда он натыкается (а это все равно происходит постоянно) на непонятные места, то уже не пытается объяснять их наивностью авторов Книги. Впрочем, одно из чудес Книги – в том, что она сама поднимает к пониманию непонятных «нелепостей».

Насколько все эти скрытые смыслы в самом деле присутствуют в Книге, а не привносятся современными интерпретаторами? В конце концов, человек, знающий, скажем, закон всемирного тяготения, может увидеть намек на этот закон и в любом рассказе о разлученных влюбленных – о Тристане и Изольде или о Ромео и Джульетте, хотя авторы этих рассказов и не имели в виду ничего подобного. То, что Книга и в самом деле наполнена скрытыми смыслами, видно по тому, что всегда были люди, понимающий ее Истинный Смысл, – люди, которые вычитывают в Книге все то, что знают о Мире египетские и все другие Посвященные.

Египетское происхождение Книги на первый взгляд кажется неочевидным. Прямых указаний на это в самой Книге нет. Есть только намеки. Не говоря уже о раннем визите Авраама в Египет, крупнейшим египетским вельможей и зятем египетского жреца был Иосиф, приемным сыном дочери фараона – Моисей. С другой стороны, примерно во время Исхода хорошо известна знаменитая попытка Эхнатона установить в Египте единобожие. Судя по тому, что мы знаем, Эхнатон поторопился популяризировать то, к пониманию чего «нижние египтяне» еще не были готовы. Не исключено, что реакцией на эту неудачу и стало создание Книги. Недаром Книга рассказывает, что, покидая Египет, евреи унесли египетское серебро и золото, использованные позже для изготовления еврейских святынь: Ковчега Завета, стола, светильника, жертвенника для курений... Из египетского золота был сделан и золотой телец, которого Моисей сжег, растер в порошок, растворил в воде и напоил этой водой евреев. Ее вкус каждый еврей чувствует и сегодня.

Но гораздо серьезней, чем эти намеки, другое: следы того Знания, которое скрыто в Книге, мы видим из стран древнего Центрального мира только в Египте, причем видим их гораздо раньше появления Книги. А дальше логика простая: если вы узнаете от Петра секрет, который из его знакомых знал только Иван, то понимаете, что Петр узнал секрет от Ивана, хотя если рассуждать строго, то нельзя исключить и то, что Петру рассказал его кто-то еще.

Ковчег Завета

Но вернемся к многозначности. Ковчег Завета. На первый взгляд это деревянный ящик для хранения Откровения. При более глубоком понимании Ковчег – это сами евреи. Несколько тысяч лет евреи своими жизнями разыгрывают мистерию, которая символизирует Откровение. Стержень еврейской жизни – это тщательно разработанный ритуал, состоящий из произнесения множества слов, и в том числе перечитывания или прослушивания минимум раз в году всей Книги всеми людьми народа, и выполнения множества действий, которые на первый взгляд кажутся бессмысленными. Но они вовсе не бессмыслены: просто их истинное значение – символическое.

Взять хотя бы обрезание. Казалось бы, что может быть ясней – хирургическая операция по удалению крайней плоти. «Божьих людей» таким образом отмечают, подобно тому как клеймят скот. Но уже Моисей чаще и чаще говорит об обрезании сердца: об удалении черствости и обнажении сущностной сердцевины – Любви к Богу. А еще глубже тот смысл обрезания, который в «Изумрудной скрижали» назван «отделением тонкого от грубого». Отделение глубоких смыслов Книги от поверхностных – это тоже обрезание.

А суббота. Тоже, кажется, просто – день недели, когда запрещено работать, день обязательного отдыха. Но суббота – это еще и бескровная жертва каждого седьмого дня своей жизни Богу. А еще это символ вечного покоя завершения человеческого пути и символ Вечного Покоя завершения, а точнее, перерыва в Работе Бога – то, о чем менее аллегорически рассказывает индийская космология с ее Мировыми Циклами.

Но евреи придают ритуалу не символическое, а магическое значение. Повторение слов молитвы или празднование субботы мы воспринимаем не как символ некоторых правильных действий, которые еще только нужно научиться делать, а как действия, непосредственно приближающие к Богу. Такую «слепоту» в Книге символизирует запрет заглядывать внутрь Ковчега. Это и отличает евреев от индусов: индусы ни о чем другом, кроме того чтобы заглянуть Туда, и не мечтают, а евреи (почти все) к этому запрету относятся так же, как, например, к запрету есть свинину, – как к данности, которая не обсуждается. И поэтому евреи очень редко поднимаются в те состояния, в которых открывается смысл произносимых ими слов и совершаемых действий.

Из путевых заметок. Правда, Иерусалим буквально напоен, насыщен непередаваемой, совершенно особой атмосферой. Вполне понятно, почему за него так дрались крестоносцы и сарацины или дерутся сейчас евреи и арабы. В самом деле духовная столица Центрального мира. Но благость Иерусалима создана не эманациями израильских евреев...

Но взамен права заглядывать в Ковчег евреям вменено в обязанность не расставаться с Ним. И не зная, Что они хранят, многие евреи ощущают себя хранителями Чего-то Невероятно Ценного. Это чувство живет как мечта о Боге. Но не только. Есть еще нечто – тот самый вкус Моисеевой воды. Как будто тонкая, но очень крепкая нить связывает нас с Содержанием Ковчега. Проявляет себя эта нить в обостренном чутье на не-еврейство, на ересь, на отклонение от Завета, на свое и чужое отступничество. Евреи не знают «как надо», но остро чувствуют, как не надо. Стоит только чуть-чуть отклонить «нить», как она начинает звенеть струной. И она звенит всю историю – сначала на собственное богоотступничество, а позднее – на отступничество христиан и мусульман: не поняв ни великий Позитив учения Иисуса, ни прямой Путь Мухаммеда, евреи остро реагировали на ту практику, которая складывалась в христианских и мусульманских общинах и которая выхолащивала этот Позитив и искривляла этот Путь.

Эта нить составляет одну часть еврейского архетипа. Другой, не менее важной его частью является еврейская психическая конституция. Материал для хранения Завета выбирался самый твердый. Упрямство и фанатизм – то, что Книга называет «жестоковыйностью». Преданность служения тому, что считаешь правильным, считаешь *своим*, – главная черта еврейской психической конституции. Свои идеи становятся «идеями-фикс». Им мы служим не за страх, а за совесть. Это только кажется, что в своем себялюбии мы не способны ни к какой службе. На самом деле лучших слуг просто нет. Нужно только убедить нас, что эта служба – *наша*. И тогда держись – все сметем на своем пути. Во имя чего? Это у каждого свое: кто – во имя своих детей, кто – во имя своей карьеры, кто – во имя своего государства, а кто и во имя всеобщего счастья.

> *Из путевых заметок.* Этим поражает Израиль – силой человеческой энергии, направленной на воплощение сионистской идеи. Поневоле начинаешь гордиться, когда смотришь на созданное за каких-то сорок-пятьдесят лет рукотворное чудо – каменную пустыню, превращенную в зеленые ландшафты.

Такой вот человеческий материал. Авраам, беспрекословно готовый убить сына по слову Бога, – это очень по-еврейски.

Еврейская психическая конституция – упрямство и фанатизм – то, как живут евреи, объединяет евреев больше, чем общая судьба, и уж заведомо больше, чем такие «объединители» других народов, как язык или культура. Мы все сделаны из одного материала, хотя наши сосуды и наполнены разным содержанием.

Есть в них еврейское содержание: еврейские мысли: мы — избранный Богом народ; мы лучше всех, еврей должен оставаться евреем и т.д.; еврейские чувства — гордость своим еврейством, ненависть и в то же время презрение к гонителям. А еще — еврейская боль: след от ударов еврейской судьбы, того окрика «жид!», которого так долго ждали, втянув голову в сутулые плечи, евреи и который с регулярностью хлыста обрушивался на нас (как быстро забыл Израиль эти «чувства на идиш»!).

А есть и содержание, совсем не еврейское.

Личное. Я еврей по рождению и, конечно, по конституции. Все еврейские черты — мои, и, возможно, даже больше, чем у «среднего еврея». Но «еврейского» содержания во мне мало. Несравнимо больше русского.

А для всего мира я не еврей, потому что «еврей» — это не национальность, а вероисповедание, как «православный» или «мусульманин». Для мира я «рашн» (Russian, русский), потому что родился в России и мой родной язык — русский. К слову, быть «рашн» в мире не лучше, чем быть евреем в России: реакция со стороны окружающих та же — те же презрение и подозрительность.

Откуда взялись евреи — неизвестно. По психической конституции мы настолько отличаемся от других ближневосточных народов, что можно подумать, что первые евреи были не соплеменниками, связанными кровными узами (чтобы породниться, у евреев и потом было достаточно времени), а что их отбирали по ценным для их миссии качествам, подобно тому как отбирают сильных рабов для тяжелой работы.

Иногда считают, что предками евреев было кочевое племя, обитавшее между Синаем и Палестиной. В документах Амарны есть донесения египетским фараонам Аменофису (Аменхотепу) III и Тутанхамону (по еврейской историографии, это время — 14-й век до н.э. — отводится на Исход и странствия по пустыне) с упоминаниями о «хапири» — людях, которые не имеют государства и живут в холмах набегами на города. Есть и более раннее упоминание о «хапири». Среди них довольно долго жил бежавший в Ханаан от своих подданных в Алалакхе (территория Сирии) Идрим — о его истории рассказывает стела в Британском музее. На стеле — портрет с явно шумерскими чертами. Эту историю датируют 16-м веком до н. э. — по еврейской историографии, время египетского плена. Но твердых оснований для отождествления первых евреев с «хапири» тоже нет.

Строители Ковчега позаботились не только о крепости его материала, но и о том, чтобы защитить его от эрозии: евреям было запрещено смешиваться с другими народами. Но Ковчег укрепили еще и по-другому — обтянули стальным обручем антисемитизма: евреи должны были с самого начала вызывать неприязнь.

Личное. Мое детство прошло в огромной коммунальной квартире и в самом обычном московском дворе. И вот к семи годам, не зная о евреях вообще ничего, я твердо знал одно: это ужасные люди. И какое это было страшное открытие, когда (не от родителей — родители имели достаточно причин не говорить со мной об этом) я узнал, что я еврей. Я, конечно, не поверил и стал спрашивать маму. Мама не без замешательства подтвердила и, так как я не смог скрыть своего горя, долго, как это были вынуждены делать многие еврейские мамы, объясняла мне, что в этом нет ничего страшного, что многие хорошие люди: Карл Маркс, Эйнштейн, ну и так далее — евреи. И как многие еврейские мальчики, совершившие это открытие, в конце концов я почти успокоился — а что мне еще оставалось делать?.. Но, конечно, мама лукавила. Быть евреем оказалось действительно ужасно. Это стало проклятием моего мальчишества, и юности, и ранней зрелости.

Отторжение чужих и пренебрежение их интересами уже достаточная причина для встречной неприязни. «Ну и что, что я наступил ему на ногу, — мне же нужно было пройти» — эта логика раскалила антисемитизм в Израиле до такого градуса, когда взрыв становится неминуем. (Я написал это летом 2000 года, за несколько месяцев до начала того пожара, который не стихает уже который год.)

Из путевых заметок. Многолюдные палестинские кварталы Вифлеема — как будто идешь сквозь строй: столько ненависти было в каждом взгляде. Не по отношению к нам — вообще ненависти. А ночью мы зашли в арабскую часть Старого Иерусалима. Просто гуляли. Было абсолютно безлюдно. Но ненависть висела в воздухе. Только добежав до патруля, который посмотрел на нас как на сумасшедших, мы почувствовали себя в безопасности. А ведь ничего не происходило. И приехали мы в Израиль без всяких страхов. И даже без всяких страхов отправились на ту ночную прогулку.

Но проклятие для каждого еврея в отдельности — спасение для еврейства. Антисемитизм, не давая евреям забывать, что они евреи, цементирует и этим заботливейшим образом сохраняет то, против чего выступает, — еврейство. Даже когда, казалось бы, уже ничто не требовало от еврея, чтобы он оставался евреем, и, казалось бы, еврейство было ввергнуто в глубочайший кризис и вот-вот должно было кончиться, спасительный антисемитизм приходил на помощь и спасал — нет, не евреев, конечно, — еврейство от неминуемого исчезновения. И что самое поразительное — как редко антисемиты об этом догадываются.

Но Ковчег — это не только ящик, но и его Содержание. И среди евреев испокон веку тянется линия тех, кто сохраняет это Содержание. Это каббалисты — та школа Посвященных, которая умеет читать в Книге то, что в Ней написано.

Каббала многослойна: внутри каббалы, как и внутри любой школы, есть свои градации Знания. Это особенно заметно сейчас, когда внешние слои каббалы становятся все более и более популярными, а число «каббалистов» и «каббалистических организаций» растет с каждым днем. Вот эта-то «каббала для всех» и открывает бесконечность Пути, который начинается за приоткрываемой ею дверью.

Богоборчество, неисполнимый Закон и идолы

Сон Иакова, после которого он получил имя Израиль, оказался вещим. Потомки Израиля никогда не прекращали борьбу с Богом. Но борьба эта очень странная. Евреи все время упрямо делают не то, что хочет Бог. Но самое интересное, что при этом они все время пытаются следовать Божьему Закону. Вот такой парадокс. Почему так получается? Разгадка этой загадки на первый взгляд тоже кажется парадоксальной: Закон требует невозможного, Его невозможно исполнить. Но эта парадоксальность – зачем нужен Закон, который нельзя исполнить, – рассеивается, когда вчитываешься в Книгу и понимаешь, *Что* это за Закон.

Закон очень «простой» – жить по-Божески. В Пятикнижии он сформулирован так: *Святы будьте, ибо свят Я Господь, Бог ваш.* В евангелиях – *Будьте совершенны, как совершен Отец ваш Небесный.* Но что это значит – будьте *святы* (или *совершенны*), и во времена Моисея, и во времена Иисуса, и сегодня, кроме самых высоких Гигантов, не понимает никто. И поэтому, естественно, никто не может Приказ выполнить. Люди стараются жить по-Божески, но у них это не получается: то, что они считают «по-Божески», на самом деле оказывается вовсе не «по-Божески».

В самом деле, легко сказать: *Святы будьте, ибо свят Я Господь, Бог ваш.* Но как? Как быть святым? Книга объясняет: *Положи на сердце твое, что Господь есть Бог на небе вверху и на земле внизу, [и] нет еще [кроме Его].* И потому нужно *ходить всеми путями Его и прилепляться к Нему,* чтобы ты *слушал глас Его. А для этого люби Господа, Бога твоего, **всем** сердцем твоим, и **всею** душею твоею, и **всеми** силами твоими.* (Выделено везде мной. – А.З.) *Ибо в этом твоя жизнь.* Это значит, что нужно *служить Ему от всего сердца вашего и от всей души вашей. Ему [**одному**] служи.* Вот поэтому и *не обращайтесь к идолам. Не делайте себе кумиров. Чтобы не обольстилось сердце ваше, и вы не уклонились и не стали служить иным богам и не поклонились им.*

Хорошо. Но ведь Бог невидим и невообразим. Любой Его образ как раз и будет тем кумиром, которых нельзя делать. То есть любить нужно то, что невозможно себе даже представить. И нельзя любить ничего другого. Но разве это возможно? Хотя для кого. Книга дает направление, как к этому прийти: *правды, правды ищи.* Но это вообще. А в частности? А в частности: ***до сего дня*** не дал вам Господь сердца, чтобы *разуметь, очей, чтобы видеть, и ушей, чтобы слышать.*

Вся жизнь обычного человека «до сего дня» (и не до Моисеева «сего», а до нашего, сегодняшнего) состоит в сотворении себе кумиров и служении им. Деньги, власть, благополучие, здоровье, карьера, семья, дети, наука, искусство – все это наши кумиры. Им мы служим и поклоняемся.

Соподчинять все те низкие и все те возвышенные вещи, из которых состоит наша жизнь, Богу: научиться превращать наше служение науке в работу для Бога, нашу заботу о детях – в работу для Бога, нашу влюбленность – в работу для Бога и даже нашу погоню за деньгами – в работу для Бога – до этого нам и сегодня очень далеко. Но разве об этих кумирах идет речь в Пятикнижии? Ведь там имеются в виду просто «истуканы» – статуи божеств, которым поклоняются язычники. В самом поверхностном смысловом слое это так и есть. Но стоит заглянуть чуть глубже, как немедленно обнаруживаешь, что мы превращаем в кумиров и Иисуса, и Богоматерь, а гордящиеся своим «однобожием» евреи и мусульмане, не говоря уже о поклонении все тем же общим кумирам, которых «весь род людской чтит», часто превращают в кумира и самого Бога.

Можно ли вырваться из этого заколдованного круга, когда все, к чему мы ни прикасаемся, мы превращаем в кумиров, которым нам нельзя поклоняться и служить, а Тот, Кому мы должны поклоняться и служить, нам недоступен? Или же мы обречены на жизнь белки в колесе – все так же стремиться к Богу и все так же богоотступничать? Обречены, но вовсе не «все так же». Вырастая, мы начинаем стремиться к Богу по-новому, и хотя богоотступничать мы и не перестаем, но начинаем богоотступничать тоже по-новому. «По-новому» означает, что мы больше понимаем, что такое «по-Божески». И когда мы начинаем жить в соответствии со своим новым пониманием, мы делаем шаг Наверх. Несмотря на то, что хотя мы поняли больше, но – далеко не Все и что со временем нам предстоит понять еще больше. Так мы растем: делаемся выше и лучше понимаем Книгу, лучше понимаем Книгу и делаемся выше. Поэтому наш «заколдованный круг» – не круг, а винтовая лестница, и в своем кружении мы поднимаемся вверх. В этом и состоит мистерия Книги.

Четыре слоя Свитка

Среди многих глубочайших символов в еврейской традиции символичен сам способ хранения и чтения самой старой, центральной части Книги – Пятикнижия, по-еврейски – Торы. Тора написана на очень длинном (несколько десятков метров) листе, который свернут в рулон. К внешнему и внутреннему краям листа прикреплены шесты. При чтении – а евреи читают Тору целый год, каждую неделю свои главы, – свиток перематывается с «внутреннего» шеста на «внешний», и «внутренний» шест становится внешним, а «внешний» – внутренним.

Но не только евреи – все мы читаем Книгу именно таким образом: «раскручиваем свиток» – переходим от все более поверхностного ко все более глубокому пониманию одних и тех же слов. Так углубляется понимание и отдельных читателей Книги, и того группового читателя, который не перестает читать Книгу уже три тысячи лет. Но этот читатель – не только читатель, но и писатель. Чем глубже он понимает прочитанное, тем больше пишет «комментариев», в которых отражено его все более и более глубокое понимание. Перематывание Торы с шеста на шест символизирует и этот процесс – не только то, как мы читаем Книгу, но и то, как мы Ее дописываем. Прочитав очередной слой, на его обороте мы записываем *понятое*. В результате, когда «свиток чтения» раскручивается, накручивается «свиток комментариев (или продолжений)» – к Книге добавляются все новые и новые слои. Все «продолжения» одинаковы по содержанию: каждое из них – это та же Книга. Но каждое новое «продолжение» раскрывает смысл, который в более ранних частях Книги был скрыт. Моисеево Пятикнижие, Псалмы Давида, Евангелие, Коран – все это разные слои свитка Книги. Но это не конец. История Книги – это история о том, как слой за слоем разворачивался Свиток, все больше и больше открывая свой внутренний Свет и все ярче и ярче освещая Центральный мир.

Самый внешний слой Книги превратил людей-0 в народ-I. Законы Моисея были написаны для совсем диких людей. Люди-0, станьте людьми-I: смирите буйство, подчинитесь Закону и начните жить по-человечески – вот лейтмотив Пятикнижия при его буквальном прочтении.

Отсюда видна, с одной стороны, древность Пятикнижия, а с другой – что и в вопросе о происхождении евреев нельзя понимать Книгу буквально: евреи не несли явного отпечатка ни египетской, ни месопотамской культуры. Вряд ли они вообще долго жили среди египтян. Евреи во время Исхода – люди-0, а египтяне и месопотамцы к тому времени уже долго были людьми-I. По сравнению с законами Моисея старовавилонские законы Хаммурапи, которые старше на несколько веков, отражают жизнь куда более мирного и организованного общества.

От этого законы Моисея и кажутся такими жестокими – диких жеребцов не треножат шелковой ленточкой. Моисею было что смирять. Поэтому родителям не просто разрешалось, а предписывалось убивать непокорных детей. Поэтому так подробно прописаны (в 11 пунктах) ограничения, чей «наготы не открывать» и на кого не посягать (включая мачех, теток, сводных сестер и тещ). Все это, как и гомосексуализм и скотоложество, до Закона было, по-видимому, обычными явлениями. Не заставляй дочь блудить. *Не грабительствуй*, не давай подножку слепому, *не злословь глухого*. (Боюсь, не нарушить бы мне сейчас последнюю заповедь.)

Впрочем, часто мы не понимаем смысла Закона. Например, сейчас «око за око» кажется призывом к насилию – «тебе выбили глаз, и ты выбей глаз». А на самом деле его смысл не подстрекающий, а сдерживающий: «одно око за одно око – если тебе выбили один глаз, не выбивай обидчику оба». Конечно, это еще далеко от «подставь другую щеку», но это ограничение «беспредела». Такими же ограничениями необузданной жестокости являются запрет убивать отцов за вину детей, а детей – за вину отцов или очень гуманный для того, да и для более позднего, времени запрет калечить – давать виновному больше сорока ударов. И в том, как подробно определены виды жертв, тоже есть значимое ограничение – неявный запрет на человеческие жертвоприношения. Но есть и особые жертвы, которые перекидывают мостик от этих первых времен в далекое будущее. Такова бескровная жертва Богу субботы.

Еще одна часть Закона – заповеди чистоты. Их поверхностный смысл вполне земной – профилактика болезней. Актуальным для этих людей был, например, запрет испражняться внутри стана. (Кстати, уже по одному этому видно, что в стане жили не миллионы и даже вряд ли тысячи людей.) Но за этим поверхностным были и более глубокие смыслы – заповеди внутренней чистоты, которые раскрывают другие слои-продолжения Книги.

Именно потому, что она была адресована людям-0, такой примитивной в поверхностном слое кажется религия Пятикнижия. Мы уже так далеко ушли от его первых читателей-слушателей, что нам даже трудно поставить себя на их место. А люди-0 не могли вместить больше. Поэтому такая простая здесь любовь к Богу – без какого бы то ни было «общения» и даже без прославляющих молитв. Для этих людей «любить» значило прежде всего «кормить». Поэтому все служение сведено к жертвоприношениям. И конечно, любовь несовместима с изменой, и поэтому отказ от поклонения другим богам тоже очень конкретный: это отказ от поклонения богам-0 и чужим богам-I.

Второй слой Книги – о становлении людей-I людьми-II. Здесь мы видим уже другой Израиль, Израиль «исторических» книг Ветхого Завета – люди-I, живущие жизнью-I. Евреи Давида гораздо «обузданней», «культурней» евреев Моисея. Они более-менее законопослушны – жервуют, что положено; празднуют, что положено. Они стараются жить по Закону. Но что-то в их жизни не так, и Бог ими недоволен. Ясно скажут о том, что происходит, уже в самом конце этого периода Осия и Исайя.

Осия: *Милости хочу, а не жертвы, и Боговедения более, нежели всесожжений.*

Исайя: *Слушайте слово Господне, князья Содомские; внимай закону Бога нашего, народ Гоморрский! К чему Мне множество жертв ваших? говорит Господь. Я пресыщен всесожжениями овнов и туком откормленного скота, и крови тельцов и агнцев и козлов не хочу. Когда вы приходите являться пред лице Мое, кто требует от вас, чтобы вы топтали дворы Мои? Не носите больше даров тщетных: курение отвратительно для Меня; новомесячий и суббот, праздничных собраний не могу терпеть: беззаконие — и празднование! Новомесячия ваши и праздники ваши ненавидит душа Моя: они бремя для Меня; Мне тяжело нести их. И когда вы простираете руки ваши, Я закрываю от вас очи Мои; и когда вы умножаете моления ваши, Я не слышу... Омойтесь, очиститесь; удалите злые деяния ваши от очей Моих; перестаньте делать зло; научитесь делать добро, ищите правды.*

Почему? Казалось бы, только-только научились жить по Закону — делают все, что предписано. Но делать, что предписано людям-0, чтобы стать людьми-I, — это хорошо для людей-0. А для людей-I это плохо. Им нужно прочитать в предписании свое — не то, что было предписано их предкам — людям-0, а то, что предписано делать им, людям-I, чтобы стать людьми-II. Нужно делать не то, что предписано буквально, а то, что имелось в виду под этим предписанием: милость, добро, правду, Боговедение... Внешняя форма — ничто. Нужно идти к содержанию, к сути. Нужно обрезать сердце, отделять суть от формы — *как в щелочи, очищу с тебя примесь, и отделю от тебя все свинцовое.*

Но Исайя уже самый конец этого времени. А призыв к новой жизни — к другому Закону и другому служению — начал звучать гораздо раньше. Для евреев-I продолжил писать Книгу Давид. Его Псалмы — это второй слой Свитка — та же Книга, но написанная по-другому. Псалмы так же глубоки и многослойны, как и Пятикнижие, но поверхностные смыслы Пятикнижия адресованы людям-0, а поверхностные смыслы Псалмов — более культурным людям-I. Но и мы, люди-IV, и в Пятикнижии, и в Псалмах можем открыть бездонные глубины или, точнее, бескупольные Высоты. Главное в Псалмах — новый Бог и новое отношение к Богу. О Давидовом любовном порыве, о Давидовой личной, *сыновьей* связи *раб* Божий Моисей и не мечтал. Псалмы учили людей-I, что кроме искупительных жертв и памятования Бога во время праздников возможна и другая служба Богу — прославления, и другие, личные отношения, основанные на личной молитве. Для них это было другое, новое Небо, другое, новое направление Вверх — не дарить, а славить. Впрочем, обучение у Давида еще далеко не закончено: не только евреи три тысячи лет назад — и сегодня все мы продолжаем учиться у Давида и любви к Богу, а главное, пониманию, что Вверх может оказаться совсем не туда, куда устремляли себя наши предки.

Но хотя Псалмы не позволяют оставаться в культуре-I, зовут они не в культуру-II. Псалмы зовут Выше. Первый же псалом: *Блажен муж, который не ходит на совет нечестивых... и не сидит в собрании развратителей, но в законе Господа воля его, и о законе Его размышляет он день и ночь!* – своим полемическим острием направлен не только против современных Давиду сборищ, но и против симпозиумов культур-II (а кстати, и против наших «тусовою» поздней культуры-IV). Но для людей-I дорога Выше проходит через культуру-II. И Соломон заземляет призыв своего отца, становясь пророком культуры-II. Культ мудрости в Притчах и особенно в Екклесиасте созвучен мотивам античной философии. Просьба Соломона у Бога «разумного сердца» ставит во главу угла не силу, а ум, и этот «ум Соломона» такой же, как и «ум Платона». И знаменитые Соломоновы Песни песней (хотя в них, конечно, есть и скрытый смысл – они не только и не столько о чувственной любви) своей чувственностью близки античной лирике. Дополняет Соломоново «евангелие культуры-II» Книга Иова, в которой отчетливо слышен мотив стоицизма (хотя и ее содержание не исчерпывается этим). Там же, в Книге Иова, появляются и сыны Божии. Это тоже черта религий-II: собрание богов и управление земными делами – почти как на Олимпе. (Замечу в скобках, что спор Господа с сатаной кажется не менее кощунственным, чем спор с Моисеем. Но это – с нашей колокольни. Оба спора вполне в духе религий-I и религий-II с их представлениями о богах как об очень могущественных людях.)

Завершил и закрепил понимание Книги в духе мышления-II Талмуд. Для мышления-II не существует развития, и Талмуд создал «единственно верное» учение. Талмуд объявлял, что «мы уже пришли в радугу, уже стоим на горизонте» – дальше идти некуда и незачем. Талмудическая схоластика – близкая родственница аристотелевой логики – отвергла живые голоса тех, кто еще на самой заре еврейской культуры-II предупреждал, что евреи-II будут не ближе к Закону, чем евреи-I: *Не учитесь путям язычников... [Мудрецы] народов... во всех царствах... все до одного... бессмысленны и глупы... Безумствует всякий человек в своем знании, срамит себя всякий плавильщик истуканом [своим], ибо выплавленное им есть ложь, и нет в нем духа.* Но еврейская Струна, звенящая в ответ на любое отклонение от Закона, не замедлила зазвенеть и на этот раз. Теперь она зазвучала в проповеди Иисуса (например: *если праведность ваша не превзойдет праведности книжников и фарисеев, то вы не войдете в Царство Небесное*), а подхвачена была в первых христианских общинах, которые (к слову) состояли из евреев – евреев по языку и, главное, евреев по мечте о Боге.

Не просто близкие, личные, любовные отношения с Богом – между Богом и человеком вообще нет никакого отчуждения. Это уже не Давидово *из глубины взываю к Тебе, Господи*, а *Я в Отце и Отец во Мне* – совершенно другое мирочувствование, недоступное людям-II.

Так был записан третий слой свитка Книги – Евангелие. Если Пятикнижие – это священная книга для людей-0, становящихся людьми-I, а Псалтырь – священная книга для людей-I, становящихся людьми-II, то Евангелие – это священная книга для людей-II, становящихся людьми-III. Но это все та же Книга. Как и Пятикнижие и Псалтырь, Евангелие столь же бездонно глубоко и бескупольно Высоко. *Не нарушить [Закон] пришел Я, но исполнить.* Христианство было не другой религией, а реформой, осовремениванием старой. И поэтому так настойчиво учителя церкви искали подтверждения Нового Завета в Ветхом – они писали не новое, они разворачивали, или (что то же самое) дописывали (хотя теперь все больше и больше не по-еврейски, а по-гречески), новый, свой слой Свитка.

Но Евангелие было уже слишком Большим, чтобы его можно было вместить в слова. И поэтому вместо одного Евангелия мы имеем Его пересказы – четыре канонических евангелия (кроме них было и несколько неканонических).

А дальше история Книги, оставаясь историей Божьего народа, перестала быть историей евреев. Евреи продолжали хранить и самую суть Завета, и Его самую внешнюю оболочку, но эта внешняя оболочка для тех, кто ушел вперед, естественно, становилась все более ветхой. А Божьим народом теперь становятся все христиане. Еврейские ортодоксы, конечно, не могли это признать, но первые христианские учителя понимали это совершенно ясно и постоянно это подчеркивали. Тогда-то и произошло то, чего так боятся антисемиты: «еврейское» влияние превратило весь Центральный мир-II в «евреев» (конечно, в переносном смысле – превратило в Божий народ).

Иная еврейская экспансия невозможна. Исторические казусы с «еврейскими государствами» в Хазарии и Йемене показывают непригодность иудаизма в качестве «религии для всех». Слепо верить в «то, чего нет», делать то, чего не понимаешь, а если бы и понял, то все равно не смог бы сделать. И все это – не получая взамен, кроме синяков, почти ничего: ни утешения в молитве, ни надежды на загробное счастье, ни помощи в повседневных делах, ни защиты от врагов. Нет, охотников вести такую жизнь немного.

Но, став Божьим народом, христиане «унаследовали» от евреев не только честь, но и проклятие – жить по Закону, который нельзя исполнить, и претерпевать наказания за «непослушание». И большинство из них было обречено так же, по-еврейски хранить давно обретенные и когда-то новые, но с тех пор уже успевшие обветшать застывшие формы, вооружившись при этом и еврейским фанатизмом, и еврейским упрямством. Христианство коснело так же, как раньше иудаизм. Новый Божий народ – христиане так же нарушали Закон-III, как раньше старый Божий народ – евреи нарушали Закон-I и Закон-II, и так же неохотно это признавали.

И тогда появилось продолжение Книги, написанное по-арабски, — *в подтверждение истинности того, что было ниспослано до него, и в изъяснение писания* (10:38). То, что Исайя говорил людям-I, а Иисус — людям-II, Мухаммед сказал людям-III: вы не следуете, а вам только кажется, что вы следуете Богу. *Мы дали завет христианам. Но они забыли* (5:17). *Пишут писание сами, а потом говорят: «Это от Бога»* (2:73). *Хотят затушить свет Бога своими устами, но Бог не допускает иного, как только завершить Свой свет* (9:32).

Это продолжение присоединило к народу Книги мусульман. И теперь уже они приняли ту же честь и то же проклятие. Но история Книги — наша история — продолжалась: найденные мусульманами формы жизни коснели так же, как и те, которые были найдены их предшественниками, и теперь уже людей-III звал дальнейший Путь — путь в культуру-IV. Развернув свой, четвертый слой Свитка, европейцы увидели там такое, что уже вообще нельзя было передать словами. И поэтому их часть Книги оказалась невидимой, она как бы написана симпатическими чернилами. Со временем маленьких «европейских евангелий» появится множество — каждое значительное теологическое, литературное или философское произведение будет таким «маленьким евангелием». Но наиболее «компактно» и ярко свое Богочувствование европейцы выразили не словами.

Но и это, даже такое огромное и «летучее» понимание Книги ждала все та же судьба: когда были созданы формы новой «жизни по-божески», они постепенно стали застывать и их покинуло живое Содержание. И пришло время разворачивать следующий, пятый слой Свитка и писать новое, пятое продолжение Книги.

ПРИЛОЖЕНИЕ 2

Шестиднев (2011)

Вместо предисловия. После публикации книги «Комментарии к евангелию от Матфея» я продолжаю цикл о Священных Писаниях. На сей раз речь пойдет о Моисеевом Пятикнижии (Торе). Сразу скажу, что я не знаю разгадок всех загадок Пятикнижия, но рассказываю о том, что знаю.

Отчего возник замысел рассказать о Пятикнижии? Потому что очень часто слышишь сегодня разговоры, которые свидетельствуют не только о его полном непонимании, но и о глубокой коррозии душ, мешающей людям воспринимать и более поздние книги Библии.

Часть первая. Книга Бытие

Неудачно переведено уже само название первой книги. בְּרֵאשִׁית, берешит означает «В начале». Это первое слово Библии и название ее первой книги. Другими словами, название первой книги могло бы быть «Начало истории», или «Начало мира». В этом смысле английский Genesis (происхождение) более удачный перевод.

Глава 1. (Шестиднев)

Здесь каждый стих требует большого внимания, так как речь идет о крупнейших процессах. И не об одном, а сразу о нескольких. Шестиднев рассказывает и биографию Земли, но в не меньшей, а, пожалуй, в большей степени он рассказывает о сотворении всего нашего Мира, в котором вещественная Вселенная — только одна из «частей». Так что даже, космогонией этот процесс не вполне можно назвать — То, что создавалось, больше космоса.

Именно поэтому разворачивать историю Творения приходится сразу в нескольких смысловых пластах. Я выделяю три таких пласта и обозначаю их буквами А), Б) и В). Самый поверхностный пласт А) близок к буквальному пониманию, самый глубокий (из рассматриваемых мной) пласт В) наиболее «эзотеричен».

Но перед тем, как перейти непосредственно к анализу текста, я хочу привести гимн из Ригведы, который паразительным образом совпадает с рассказом Библии о Творении. Уже одного такого совпадения достаточно, чтобы отнестись к истории сотворения мира серьезней, чем к тому, как она была представлена в талантливом, забавном, но все же очень детском спектакле Образцова «Божественная комедия». Итак, «Веды».

Не было ни сущего, ни не-сущего тогда.
Ни воздуха, ни свода над ним.
Что колыхалось тогда? Где? У кого?
Что за вода была без дна?

Не было ни смерти, ни бессмертья тогда.
Не было ни признака дня-ночи.
Лишь дыхание Закона Одного,
И – ничего другого.

Мрак был сокрыт мраком –
Неразличима пучина.
Творящая Пустота
Зародилась от жара!

Она помыслила –
И родилось желание.
Рождение сущего от не-сущего
Мудрый зрит в сердце.

Шнур разделил низ и верх.
И упало семя. И взошло.
И росло. И рвалось наверх
К радости верха.

Кто истину знает, как мир явился?
Ведь даже боги сотворены позже...
Видевший это с высшего неба,
Лишь он то знает. Или не знает.
Ригведа Х, 129

1 В начале сотворил Бог небо и землю.

А) В поверхностном смысловом слое речь идет об образовании земли и ее атмосферы.

Б) и В) В этих смысловых пластах вопросов - по числу слов. Что такое «в начале»? Что такое «сотворил»? Что такое «Бог»? Что такое «небо»? И что такое «земля»?

«В начале». Речь идет не о каком-то времени, а об определенном состоянии Мира, когда Он из неразделенного и единого стал разделяться на неоднородные части.

Это разделение и есть творение.

Бог (элохим, אֱלֹהִים). Прежде всего, это множественное число от אלוה (элоах). Это важнейший момент, который нужно помнить постоянно. Этимология слова «элоах» не вполне ясна, но мотив «сила» в нем звучит довольно отчетливо.

Дословный перевод мог бы быть таким: «В начале Боги начал с неба и земли» – очень часто в оригинале множественное число существительного «Боги» сочетается с единственным числом глагола.

Что такое небо и земля?

Б) Речь идет о тонком и грубом (вещественном) мирах. Грубо говоря, сначала Боги сотворил мир тонкий и мир вещественный.

В) Другое значение «неба» - это сам Боги, а «земля» – остальной мир. Боги выделил из единого Прамира (Себя) весь мир («землю»).

2 Земля же была безвидна и пуста, и тьма над бездною, и Дух Божий носился над водою.

А) Речь идет о первичной геологической эпохе только что образовавшейся Земли (как считают сегодня, примерно 4,5 миллиарда лет назад. В науке существует много теорий, как это могло происходить, среди которой на сегодня нет общепринятой.

Б) и В) Чтобы добраться до более глубоких смыслов, нужно опять-таки буквально «по слогам» разбирать значение каждого слова. Речь идет о бесформенности мира: мир был бесформен (תֹהוּ, тоху), и в нем НИЧЕГО не было (בֹהוּ, боху) – по-русски это можно выразить «ни то (ת), ни бо(בֹ)» - «ни формы, ничего». В некотором смысле – полный хаос.

Б) Речь идет только о вещественном мире: вещество уже есть, а форм еще нет. Хотя «еще» и «уже» здесь не очень осмысленны, так как и времени еще нет.

В) Без форм еще и тонкий мир. Он еще не заполнен миротворящими идеями.

Бездна в смысле отсутствия дна (תְהוֹם, те ховм), была только глубина. Мир был одномерен – Верх (Небо, Дух) – низ (Земля, вещество (смысловой слой Б) или тонкие миры (смысловой слой В)). Поверхность глубины – граница тонкого и вещественного миров (Б), или Сверхтонкого (Боги) и тонкого (В). Эту бездну хаотического первовещества можно перевести и как «пучина» (перевод Ф.Гурфинкеля), так как прослеживается связь между תְהוֹם (те ховм) и словом הום, хум – гул, рокот. Образ воды здесь вполне естественен, так как речь идет о не имеющем формы. Над бесформенной, волнующейся, рокочущей пучиной.

Над бездною – только тьма (חשׁ, хошек), то есть отсутствие света, идеи. Но это очень интересная «тьма». Это Тьма Абсолюта, тьма, в которой скрыты все идеи, тьма – источник Света.

Над этой водоподобной поверхностью и был Дух Божий, готовый к творению.

3 И сказал Бог: да будет свет. И стал свет.

В смысловом слое А) этот стих не имеет смысла: при создании Земли Бог не включал электричество.

В слоях Б и В речь идет о совсем ином Свете – Идее Мира, той Идее, которой Мир создан и которую он воплощает. Это тот самый Логос (не очень удачно ставший в русском переводе Словом), с которого начинает свое евангелие Иоанн. Впрочем, и здесь этот Логос — изреченное слово Богов, который (именно так — в оригинале всегда множественное число для существительного и единственное для глаголов — Его-Их действий) есть "мысль" Богов, ставшая словом — только так можно было передать суть Творения людям, которые начнут обретать способность понимать ее тысчелетия спустя.

4 И увидел Бог свет, что он хорош, и отделил Бог свет от тьмы.

К тому, что такое «хорошо» в Шестислове, мы еще обратимся. Что значит «отделил свет от тьмы»?

Опять-таки, смысл у этих слов есть только в пластах Б и В.

Б) Боги выделил Идею Мира из полного «безыдейства» первоначального Хаоса.

В) Бог выделил Идею Мира из ее источника — Тьмы («до-Света») Абсолюта, то есть из Себя Самого.

Но здесь есть и еще одно значение: Боги задал периодическое чередование Света и тьмы, то есть упорядочивания (творения) и разрушения. Именно к этому третьему значению апелирует следующий стих.

5 И назвал Бог свет днем, а тьму ночью. И был вечер, и было утро: день один.

О «был вечер, и было утро» мы тоже поговорим позднее.

Конечно, речь здесь (и везде далее в этой главе) идет не о человеческом, а о Божьем дне. В отношении же Первого дня Творения здесь нельзя даже сказать, что речь идет о миллиардах лет, так как эти события вообще вневременные.

6-8. И сказал Бог: да будет твердь посреди воды, и да отделяет она воду от воды. И создал Бог твердь, и отделил воду, которая под твердью, от воды, которая над твердью. И стало так. И назвал Бог твердь небом. И был вечер, и было утро: день второй.

В смысловом слое А) у этих стихов нет иного значения, кроме как подстроиться под мировосприятие первых читателей Библии. Более современные попытки понять эти стихи бквально обычно приводят комментаторов к мысли о разделении жидкой воды морей от газообразной воды облаков поверхностью неба. Это не очень удовлетворительное объяснение, учитывая, что визуально движение облаков – это движение не ЗА небом, а ПО небу.

Б) и В). Прежде всего, רקיע (ракья) в оригинале лучше перевести на русский как «свод», а не как «твердь» – «свод небесный». Итак, Боги решил внутри воды сделать нечто, что будет разделять воду. Речь здесь идет о разделении сотворенного (тварного) мира на несколько слоев, каждый из которых сам является миром: о разделении единого тварного мира на более и менее «тонкий» – «вода» разделяется, и из одной «воды» получается две разные «воды».

Б) Имеется в виду отделение вещественного мира от тонких миров.

В) Мир еще остается тонким (вещественного мира пока нет), но в неи происходит разделение на более тонкое и менее тонкое. Условно говоря, на нашем языке это может быть разделение между высшим и низшим астралом, или между астральным и ментальным мирами. В реальности таких разделительных сводов несколько: «тонкий» мир многослоен.

Второй день творения, как мы видим, еще тоже происходит вне времени, до начала оформления материального мира.

9-10. И сказал Бог: да соберется вода, которая под небом, в одно место, и да явится суша. И стало так. И назвал Бог сушу землею, а собрание вод назвал морями. И увидел Бог, что [это] хорошо.

А) Обычно это понимается, как то, что морской воде было приказано собраться вместе, чтобы дать место суще. Так шваброй сгоняют воду, чтобы появились кусочки вымытого пола. Речь может идти об остывании и образовании коры Земли, океанов

У интерпретации А) есть явный недостаток, который и стимулирует поиск более глубоких значений – в этом случае воде было бы приказано не СОБРАТЬСЯ в одном месте, а РАСТУПИТЬСЯ (как это произошло с Чермным морем во время бегства из Египта). Но «воде», чтобы явить сушу приказано собраться. Что это означает?

Мы знаем, когда из собирающейся воды появляется суша. Когда она замерзает — жидкая вода превращается в сухую. Об этом и идет речь: тонкие энергии сгустились в вещество. Как это происходит — физика только-только начинает понимать. Итак, вещественный мир появляется только на третий день творения. Но работа третьего дня на этом не заканчивается.

11-13. И сказал Бог: да произрастит земля зелень, траву, сеющую семя дерево плодовитое, приносящее по роду своему плод, в котором семя его на земле. И стало так. И произвела земля зелень, траву, сеющую семя по роду ее, и дерево, приносящее плод, в котором семя его по роду его. И увидел Бог, что [это] хорошо. И был вечер, и было утро: день третий.

Что это — сельхозработы, предшествующие созданию светил, ботаника перед астрономией? Или же опять речь идет о другом?

Здесь (как и везде) несколько смыслов. Один близок к буквальному. Но не он самый глубокий здесь.

Обратим внимание, что Боги не сам создает траву, а травой произрастает земля: земля, подобно гигантскому дереву, сама дает побеги — растения. Слово תַּדְשֵׁא (тадше) оригинала значит «произрастать, давать ростки, побеги». Буквально слова Богов (идея миротворения на вторую половину третьего дня): «Пусть земля разрастется растениями — растениями, дающими семена, и растениями, приносящими плоды, которые содержат семена». Вот здесь и содержится ключ к тайному смыслу: тварному миру (земле) надлежит разрасти Деревом Мира. Идея мира должна рассыпаться (прорасти) множеством дочерних идей, те — множеством своих дочерних (внучатых по отношению к Идее Мира) и так далее. Листьями этого Дерева Мира должны стать вещи вещественного мира.

Семена здесь — это идеи вещей тварного мира (включая в число таких вещей и идеи идей и идеи идей идей и т.д. — вещи миров более тонких, чем мир вещества). Сотворенная вещь, реализует свою идею и плодоносит другими идеями того же рода (плод дерева содержит семена того же рода).

Таким образом, речь идет об оформлении тварного мира и, в том числе, мира вещества, то есть о превращении мира вещества в мир вещей, обладающих способностью к самовоспроизведению. Сегодняшние сторонники теории самоорганизации предполагают, что этой способности одной уже хватает, чтобы сотворить мир. Чтобы СОТВОРИТЬ — ее недостаточно, идея нового должна прийти извне, но в чем они правы — это в том, что, в самом деле, вещи мира обладают способностью воспроизводить себя — «сеять семя по роду его». Эта способность вполне очевидна в случае с живой природой, но в случае неживой она еще очевиднее — в ней проявляется стабильность вещей: оставаясь сам собой, стол «сеет свое семя по роду своему».

День третий (если воспринимать его не как создание земной флоры), как мы видим, тоже находится вне времени.

14-19. И сказал Бог: да будут светила на тверди небесной для отделения дня от ночи, и для знамений, и времен, и дней, и годов; и да будут они светильниками на тверди небесной, чтобы светить на землю. И стало так. И создал Бог два светила великие: светило большее, для управления днем, и светило меньшее, для управления ночью, и звезды; и поставил их Бог на тверди небесной, чтобы светить на землю, и управлять днем и ночью, и отделять свет от тьмы. И увидел Бог, что [это] хорошо. И был вечер, и было утро: день четвёртый.

А здесь о чем говорит Библия? Прежде всего, в самом поверхностном слое — о создании Вселенной. Начинается работа по обустройству мира вещества — создание самых крупных вещей мира вещества.

Но есть у этих слов смысл и более глубокий, или, точнее, - более скрытый. Речь идет об источниках духовного Света , управляющих жизнью на Земле, отделяющих светлое от темного («день» от «ночи»), то есть доброе от злого, и напитывающую жизнь нижних миров идеями, которые этой жизнью и управляют. Используя иной язык, можно сказать, что в четвертый день творения Боги создал Ангелов, управляющих жизнью тварного мира.

20-23. И сказал Бог: да произведет вода пресмыкающихся, душу живую; и птицы да полетят над землею, по тверди небесной. И сотворил Бог рыб больших и всякую душу животных пресмыкающихся, которых произвела вода, по роду их, и всякую птицу пернатую по роду ее. И увидел Бог, что [это] хорошо. И благословил их Бог, говоря: плодитесь и размножайтесь, и наполняйте воды в морях, и птицы да размножаются на земле. И был вечер, и было утро: день пятый.

Здесь очень любопытный момент, что создание живой природы занимает два (5-й и 6-й) или даже 3 (3-й, 5-й, 6-й), если считать, что расссказ о третьем дне включает в поверхностном смысле и историю создания растительной жизни на Земле, а не один день, как это естественно было бы предположить, исходя из оценок «трудоемкости» работы Бога в первые дни творения, да и в 4-й, когда была сотворена вся материальная вселенная (в поверхностном смысловом слое шестиднева). Если бы такая шутка не звучала бы кощунственно, можно было бы предположить, что Бог стал уставать к концу рабочей недели. Но, на самом деле, здесь авторы Библии дают важнейшую подсказку именно нам, современным читателям. Данные палеонтологии позволяют нам примерно представить себе историю жизни на земле. И мы знаем, что жизни на земле предшествовал очень долгий «водный» период жизни.

Отвлекусь ненадолго.

Зарождение жизни на Земле (в форме бактерий) датируют (хотя, конечно, и очень условно) временем 3,5 миллиарда лет назад. Этот период заканчивается «Кембрийским взрывом» (около 540 миллионов лет назад). Здесь проходит граница между геологическими слоями, в которых встречаются и в которых не встречаются окаменелые организмы. Но жизнь была только в океане. На суше она начинается с палеозоя (Ордовикский и Силурийский периоды – 490-417 миллионов лет назад) в виде лишайников. В Девонский период (417-354 миллиона лет назад) на сушу начинают выходить амфибии и ее первыми обитателями становятся насекомые. В Каменноугольный период (354-290 миллионов лет назад) амфибии дают начало рептилиям, а в Пермский период (290-248 миллионов лет) – конец палеозоя и Триасовый период (начало мезозоя, 248-206 миллионов) землю начинают заселять динозавры. Они хозяйничают на земле и в последующие периоды мезозоя – Юрский (206-144) и Меловый (144-65). В Юрский период появляются цветочные растения, в меловый – млекопитающие и птицы. 65 миллионов лет назад начинается Кайнозой – эра млекопитающихся. Его первый период Палеоцен (65-55) – время расселеения млекопитающих. В следующие периоды Эоцена (55-34) и Олигоцена (34-24) этот процесс продолжается. Одновременно происходит и распространение злаков. В следующую эпоху миоцена (24-5 миллионов лет назад) на земле появляются быки, олени, лошади. Следующий период (Плиоцен, 5-2,6 миллиона лет назад) характеризуется нарастанием разнообразия климатических зон и соответственно новых видов животных. Появляются в конце этого времени и первые гоминиды (австралопитеки). Далее начинается наш (антропогенный, четвертичный) период истории. Здесь палеонтология начинает уступать место антропологии.

Как можно было рассказать в нескольких словах всю эту (или похожую историю) совсем еще примитивным людям? Только так, как это сделано в первой главе Библии. В самом деле, сначала растения, потом морская жизнь, потом птицы, потом жизнь на суше, а потом человек.

24-25. И сказал Бог: да произведет земля душу живую по роду ее, скотов, и гадов, и зверей земных по роду их. И стало так. И создал Бог зверей земных по роду их, и скот по роду его, и всех гадов земных по роду их. И увидел Бог, что [это] хорошо.

Здесь интересен момент разделения зверей и скотов. В самом деле, изучение процесса появления домашних животных (доместикации) оставляет множество загадок. Попытки приручить волков и сделать из них собак не кончались успешно. Тут явно есть какая-то загадка. Доместикация присходила быстро и вопреки законам эволюции. Впрочем, и о происхождении диких видов мы знаем очень мало.

Однако все эти загадки бледнеют по сравнению с тайной появления человека.

26-28. И сказал Бог: сотворим человека по образу Нашему по подобию Нашему, и да владычествуют они над рыбами морскими, и над птицами небесными, и над скотом, и над всею землею, и над всеми гадами, пресмыкающимися по земле. И сотворил Бог человека по образу Своему, по образу Божию сотворил его; мужчину и женщину сотворил их. И благословил их Бог, и сказал им Бог: плодитесь и размножайтесь, и наполняйте землю, и обладайте ею, и владычествуйте над рыбами морскими и над птицами небесными, и над всяким животным, пресмыкающимся по земле.

Важнейшие слова главы. О чем они? Что именно сотворил Боги? Или точнее — что именно сотворили Боги? (Здесь не только существительное, но и глагол во множественном числе.) Как сотворили — это вопрос особый.

Сначала одно наблюдение из исторической антропологии. В медленных процессах натуральной истории было много резких переходов, когда жизнь либо прекращалась почти совсем — виды вымирали, либо, наоборот, эволюция ускорялась и число видов разительно увеличивалось за относительно короткое время. То же происходило и с человеком. Человекоподобные существа были на Земле с очень давних пор — миллион лет назад и более. А вот современный человек появился очень быстро (максимум за несколько тысячелетий, хотя вероятно гораздо быстрее), и появился он совсем непохожим на своих звероподобных пред... (чуть было не написал «предков», хотя нужно — «предшественников») не только психологически, но и генетически. Современный человек не был биологическим потомком неандертальцев. Но гораздо интереснее другое — появившись, современный человек сразу стал создавать произведения искусства, причем, как это ни странно может показаться, — довольно-таки высокого искусства. Здесь не время описывать все чудеса самой ранней истории искусства — желающие имеют возможность познакомиться с ними сами, но необходимо сказать, что многие произведения художников, живших 40 000 лет назад, находятся на уровне современных студентов художественных училищ. Так что у креационистов в споре с эволюционистами есть весьма веские козыри.

В чем же состояло «по образу и подобию»? Прежде всего, в наделении человека «многоэтажной» душой, высшие этажи которой просто принадлежат к миру богов. Второе, подобно тому, как Боги оживляют собой вещественный мир, являясь в некотором смысле душой вещественного мира, также и человек оживляет и одушевляет свой собственный кусок вещественного мира – свое тело. Вот эти два атрибута и являются самыми главными в понимании природы человека – Божественная природа (а не только вещественная), то есть Богоподобие, и микрокосм – человек представляет собой мир в миниатюре и тем самым обретает возможность познавать мир через самопознание.

Еще один интересный момент, важный для понимания дальнейшего. Как и все в первой главе книги Бытия, стихи о создании человека также многозначны. В одном из значений в них речь идет не о создании физического человека, а о создании человеческой души. Физическое тело (кожанные одежды) люди обретают позднее – после изгнания из рая. Таким образом, речь идет о «пра-человеке» - психо-духовном существе,которому еще тольк предстоит стать человеком. Или, другими словами, – об идее человека, которой еще только предстоит воплотиться. В некотором смысле такое существо можно считать ангелоподобным или богоподобным.

Плодитесь и размножайтесь, и наполняйте землю – традиционный привычный, но весьма поверхностный перевод оригинального וּמִלְא֣וּ פְּר֥וּ וּרְב֛וּ (перу уреву умилу) – «будьте плодотворными, умножайте [сделанное Нами], завершайте Землю (в смысле – завершайте творение Земли)». Другими словами, Боги посылают человека не размножаться биологически, а для совсем иного дела – для завершения Божественной работы: для со-творения новой, Божественной Земли.

29-30. И сказал Бог: вот, Я дал вам всякую траву, сеющую семя, какая есть на всей земле, и всякое дерево, у которого плод древесный, сеющий семя; --вам [сие] будет в пищу; а всем зверям земным, и всем птицам небесным, и всякому пресмыкающемуся по земле, в котором душа живая, [дал] Я всю зелень травную в пищу. И стало так.

Если перевести эти стихи וַיֹּ֣אמֶר אֱלֹהִ֗ים הִנֵּה֩ נָתַ֨תִּי לָכֶ֜ם אֶֽת־כָּל־עֵ֣שֶׂב ׀ זֹרֵ֣עַ זֶ֗רַע אֲשֶׁר֙ עַל־פְּנֵ֣י כָל־הָאָ֔רֶץ וְאֶת־כָּל־הָעֵ֛ץ אֲשֶׁר־בֹּ֥ו פְרִי־עֵ֖ץ זֹרֵ֣עַ זָ֑רַע לָכֶ֥ם יִֽהְיֶ֖ה לְאָכְלָֽה׃ וּֽלְכָל־חַיַּ֣ת הָ֠אָרֶץ וּלְכָל־עֹ֨וף הַשָּׁמַ֜יִם וּלְכֹ֣ל ׀ רוֹמֵ֣שׂ עַל־הָאָ֗רֶץ אֲשֶׁר־בֹּו֙ (וַיְהִי־כֵֽן׃ לְאָכְלָ֑ה אֶת־כָּל־יֶ֥רֶק עֵ֖שֶׂב נֶ֣פֶשׁ חַיָּ֔ה) послвоно – «сказал Бог: смотри, каждое растение с семенами и каждое дерево с плодами, в которых есть семена, дадут тебе пищу; а зверям, птицам и всему, что движется по земле, пища – зеленые растения.», то смысл этих стихов в том, что пища человека отличается от пищи животных. Животные питаются любой зеленью, а человек – злаками и фруктовыми плодами. Другими словами, это наказ человеку заниматься земледелием. Это и был один из первых этапов совершенствования Земли.

31 И увидел Бог все, что Он создал, и вот, хорошо весьма. И был вечер, и было утро: день шестой.

Тут два вопроса: что значит «хорошо весьма» (ближе к оригиналу – «очень хорошо»)? И что это за повтор про утро и вечер?

«Хорошо весьма» это не похвала Богам, как это обычно воспринимается. Боги не нуждается в подобном одобрении. Это характеристика творения. Хорошо значит близко к Богу. Речь идет о том, что «яблоко упало недалеко от яблони» – творение оказалось недалеко от Творца. И это самое главное в творении – Близость к Богу. Почему это главное? Потому что это позволяет нам вернуться к Творцу. Мы недалеко от Него. И значит, мы – хорошее творение.

День у евреев начинается с вечера (с первой звезды). Утро наступает в середине дня. Такой порядок: сначала ночь, потом день. От тьмы к свету. Это тоже символично по отношению к нашему пути к Богу. Сначала удаление во тьму и только потом приближение к Свету. Но еще интереснее другое. «Часы шестиднева» – рефреном звучащее через всю главу «и был вечер, и было утро» – тикают только тогда, когда Богт уже закончил свою работу. Другими словами, работа Богов происходит вне времени.

Глава 2.

(Написана не была)

ОБ АВТОРЕ

Александр Исаакович Зеличенко – психолог, философ, теолог, историк, публицист, автор "Психологии духовности" (1996), "Разговоров ученого с Учителем" (2000), "Свет Жизни" (2006), Psychology-XXI. Or XXII?.. (на английском), "Комментарии к евангелию от Матфея" (2011), "Подвиг Pussy Riot" (2013), "Украинская трагедия России" (2014), около 2000 публицистических и научных статей. "Новый Израиль" открывает серию публицистики, обращённой к русским евреям Израиля.

www.ingramcontent.com/pod-product-compliance
Lightning Source LLC
Chambersburg PA
CBHW070159290526
45789CB00002B/836